思想觀念的帶動者

文化現象的觀察者

本土經驗的整理者

生命故事的關懷者

心靈工坊 PsyGarden

Caring

生命長河，如夢如風
猶如一段逆向的歷程
一個掙扎的故事，
一種反差的存在留下探索的紀錄與軌跡

心理韌性的力量：從創傷中自我超越

UN MERVEILLEUX MALHEUR

作者——鮑赫斯・西呂尼克（Boris Cyrulnik）
譯者——謝幸芬、林德祐

推薦文

鮑赫斯．西呂尼克寫的《心理韌性的力量：從創傷中自我超越》一書，初步來看，作者是以敘事智慧（narrative wisdom）方式探討「後創傷成長」所蘊含的剝復力（resilience，關於這個字的翻譯，可以翻譯為剝復力，取「由剝返復」的動能歷程之意。臺灣一般是翻譯為復原或韌性或回復），這本書所探討的議題是深具療癒性的內涵。

進一步看，透過本書的展演，可知受創後的敘說，重點不在於敘事修補的結果（敘事的結果，可能是一種救贖、可能是一種道德、可能是一種行動，也可能帶來混亂），而是在於敘事的芻思過程，可以逐漸構成一種敘事認同（narrative identity）的藝術旅程。藝術的價值不在於成品的品味，而是做工的創造過程。一如敘事的模態，傾聽受創的故事不在於歌頌英雄旅程的康復，而是在苦難中仍有他人願意傾聽，仍懷有與苦痛共伴的理想不滅的實踐。

人們可能面臨來自個人上、政治上、歷史上和發展上的災變致命邏輯的受苦，這樣的受苦銘印著現代性的創傷及裂解狀態。敘說受苦的故事是個體面對處理生活崩解時，再創造連續性與整全性的一種方法。敘說苦痛的故事提供了個體瞭解究竟發生何事的一種方式，這是一種個體和已改變的生活相處的一種方法。所以，苦痛的故事引發了反思、再評價與重新定錨。雖然苦痛的故事有時是一種混沌的敘說，但苦痛故事其實是具有道德處境的啟示錄意義。

由此，閱讀本書可以逐步理解訴說創傷是一種通往黑洞邊緣的溝通形式，創傷的黑洞是喪失自我感的、書寫困難的、難以表述的深淵，苦難照見了受創之後，受創者被拆解的語言、自我、與社群間斷裂關係，苦難，可以說是一種介入個體與他者的關係改變的事件。因此，細膩傾聽與持續關懷是必要的。只是，我們的社會在面對災難事件、集體創傷或轉型正義的過程中，是否具備接應這樣的創傷文化處境，值得透過本書的反覆閱讀，屢屢省思。

林耀盛（台灣大學心理學系教授）

就個人參與九二一地震、莫拉克風災、安寧病房、癌症病友照護，以及接觸過的臨床個案經驗來說，心理的韌性是個體面對人生的重大事件、災難、與重大傷病的內在寶貴資源，足以讓人面對、渡過創傷，自其中重新站起來，並且找到意義。

欣聞法國學者鮑赫斯．西呂尼克《心理韌性的力量：從創傷中自我超越》一書出版，令人興奮而期待！感恩！

蕭仁釗（台灣大學臨床心理學博士、淨開心心理治療所臨床心理師）

閱讀《心理韌性的力量》的過程是一場令人驚喜同時又獲得解放和培力的心靈深度之旅。作者以詩意語言的洞悉精確、戲劇張力飽滿的視覺化呈現，引導我們探索人性深處的晦暗隱微轉折，讓我們得以逼視極為殘酷不堪的人類處境時，因為有足夠的情感和知性的後盾支撐，而不會失溫失焦失控；作者遊刃有餘、跨領域整合的學養，讓書裡面每個個案的故事都鑲嵌於紋理豐滿複雜的歷史脈絡中，我們看到令人振奮的「心理韌性」的療癒力量，也看到文化論述與照護行動的緊密扣連的示範。回顧台灣的脈絡，太陽花公民運動的崛起，讓歷史創痛罪責的議題引發新討論浪潮，我們對受難者的關注，也應該突破悲情的狹隘框架，進一步探索轉型正義與生命回顧、安寧終老、甚至失智長照之間的關聯。最後，也要深深感激譯者優美精實的詮釋，為中文讀者鋪展這趟探索的大道。

王瑜君（台北醫學大學通識教育中心兼任助理教授）

目錄

第一章 意外的希望 65

第二章 黑色太陽，不憂鬱

結論 299

【推薦序一】

悲喜劇的辯證：創傷與心理韌性

林美珠（國立東華大學諮商與臨床心理學系教授）

閱讀《心理韌性的力量》這本書，不禁讓我想到電影《美麗人生》。導演貝里尼以喜劇的手法，描述集中營的磨難，一位父親經由扮演的方式讓他的兒子以為集中營的一切都只是遊戲，即使最後被處死，仍呵護著兒子純潔的心靈，這是片中最令人動容的一幕。同樣的，《心理韌性的力量》這本書，雖然多描述戰爭倖存者、暴力受害者等故事，但是作者鮑赫斯．西呂尼克，並不在描述戰爭或暴力的恐怖與血腥，而是將重點放在那些從苦難底層中「活出來」的兒童身上顯現的特質，亦即「心理韌性」。西呂尼克認為禍與福的關係是彼此強調了另外一面，一如兩道相反作用力卻彼此抵住，這就是心理韌性，把禍與福之間的複雜關係論述得相當精闢。

「遭受命運的打擊，要如何順利成長？」「遭遇不幸的人是否還具有快樂的能力？」

對西呂尼克來說，答案是正向、肯定的。童話故事、詩歌文學、學術研究及倖存者的故事等等，多支持這樣的看法。不過一般人傾向於假設遭遇不幸的人也同時失去了快樂的能力，但是事實不一定是如此，因為「痛苦和悲傷並非精神崩潰的代表」、「雖然遭受苦難，卻依然快樂，充滿冀望」。書中有一例可以說明，那些被送到集中營的兒童，一旦克服了集中營的傷痛，戰後的憂鬱反而促使他們積極追求家庭與社會的優越。其實在我們現實生活中也不難發現這樣的案例。綜觀全書，可以看出西呂尼克在文字的背後那強烈的意圖，要去倡議過去被忽略的心理韌性概念，特別是那些在苦難、創傷中活過來的兒童身上展現出來的，藉此重新論述創傷的意義。

本書作者援引許多兒童心理學的觀點，以兒童為中心的思考，倡議兒童心理健康之重要。在創傷的議題上，除了關心創傷帶來的直接影響之外，同時強調「社會再現」對於心理發展與療癒的影響。「社會再現」這個詞，可以透過書中一個有趣的例子來理解：奧斯威辛集中營的倖存者，九歲男童，小貝爾納，他的身體經檢查有髖骨骨刺向前凸出的問題，然而這小男孩所感受到的卻是溫和與自豪，因為他的父母親也有類似的症狀，「我跟他們一樣，我和他們很像。我把他們延續下來。我沒有背叛他們。因此我不必再感到罪惡感了」。從上述可以看到，這個小男孩內心再現的世界是一種溫柔與驕傲。在這個小男孩的自我敘述中，突出的髖骨具有特殊的意義，而這個具有意義的影像的「再現」，說出來就成為他身分的一部分。但是社會再現也可能造成二度創傷，若社會論述將受創兒童框限在社會底層、邊緣、甚或犯罪人口的時候，例如，如果社會論述說「孤兒就是問題兒童」，那麼這樣反而「布置了許多社會路徑，把他們編織到犯罪的區塊」。

不過，究竟在遭逢創傷的兒童記憶中留下來的印象深刻的事是什麼？這是一個值得探究的問題。西呂尼克在書中提到一個六歲小男孩遭到德軍逮捕時的記憶，留下惦記的影像並非死亡，而是夜晚戴墨鏡的軍人、哭泣男子的喉結，說明了孩子的記憶中會特別保留對他們而言有特別意義的細節。此外，在作者另一本書《逃，生：從創傷中自我救贖》中，也提到在他年幼記憶中逃亡路上遇見釋出善意的陌生人、讓救護車開走的德國軍官等，是這些影像讓他得以躲過兒時創傷的難關。安娜·佛洛伊德在二戰期間觀察到嬰兒在母親從容寧靜的懷抱中受到保護，「倫敦大轟炸時，孩子們並未覺得安全受到威脅，由於他們的母親表現得很有自信；同樣地，修曼·邦伯挾持的幼童人質反而都覺得像是玩遊戲，由於老師運用的策略」。若將時空背景挪到現代來看，以近來發生的強震創傷為例，可能社會的情緒或行為反應，像是一個堅定、信心、或焦慮失措的眼神，亦或是一個特別的味道、影像等等，是可能被保留在倖存兒童的記憶中成為內在影像，引領其後續情緒與人格的發展。社會反應對兒童心靈的影響不得不慎。

本書與作者其他著作同樣強調敘說的重要性，認為透過語言的自我敘說，個人私密話語得以找到出口，方以啟動心理韌性的修復，為過往尋找意義，進而有勇氣展開新生活。經由敘述，敘說者變成過來人或活出來的人，在他人傾聽下，產生被理解的感覺，最後我變成再現的我，所以說「敘述，所有的苦難疼痛都變得可以承受了」，這是鮑赫斯．西呂尼克在書中不斷重述的重點。

而這本書雖然碰觸戰爭與創傷議題，但其實很勵志，讀了會有提升正向信念之效，尤其在這個詭譎多變、苦難重重的世界裡，閱讀「禍中之福」，也許可以帶來些許心靈的安慰。

【推薦序二】

人生本就福禍無常

黃筱慧（東吳大學哲學系副教授、臺灣哲學諮商學會教育與學術委員會召集人）

近年以來，在研讀當代法國詮釋學者呂格爾（Paul Ricœur）的人生旅程中，深感人類的詮釋深具療效。心靈工坊的編輯找我推薦這本《心理韌性的力量》，我在其中發現許多可與呂格爾哲學呼應之處，因此我很榮幸能夠推薦這本書。

呂格爾思想論點之一，是關於時間與敘事的概念，其思想非常重視如何面對我們人生中的痛苦。當我們運用敘事的方法處理人生的苦難時，我們的內心其實已經具備著交織出新的整體事件所帶來的意義的可能。敘事本身就是具有整合力量的行動。本書中對於歷史過往的交織，正可與呂格爾時間與敘事相關的理論相互參照。

本書深刻地呈現出當代詮釋學與心理學融合的可能性。當我們願意運用敘事，將生命中過去的事件，於當下此刻再度描寫勾勒之時，顯現出來的整體的詩學性的敘事，會在時間的整體過程中，顯現出新的、重生性的交織。呂格爾以三重的模擬（mimesis），整合出詩學的交織，以當下的重新敘事，療癒承受著生命重量的我們。對照本書中舉出的真實案例，我們可將哲學與心理學相互融合，使人文科學可以整合地為生命運作，以期盼生命力可以被更新，並可透過我們運用模擬論的三重性（threefold mimesis），整合出：前模擬，模擬與再生性的模擬（pre-figuration→ con-figuration→ re-figuration）成為可能。

本書作者鮑赫斯．西呂尼克以為，心理韌性（résilience）是每個人都具備的整全療癒方法；他認為心理韌性或自我修復的奧祕，就在於敘事。在他看來，心理韌性並不是一個實體，而是一種敘事的生存行動，在週遭情感與社會環境共時的網絡中，歷時地創造意義和自我的再現。就像編織的工作，將發展性的毛線與情感，和社會的毛線編織、交纏在一起，以嶄新的角度詮釋往事、賦予過去意義，將創傷逆轉為自我獨有的禮物。這個見地非常符合當代法系哲學詮釋學的觀念。當一個身處在危難禍患之下的人，了解到這個能力之後，每一個人都可以在當下運用心理的韌性，以敘事交織法，度過危難。而在呂格爾的詮釋學中，也提到事件的交織（la mise en intrigue）。人在存在之中體驗到受苦受難，而敘說故事之時，實存時間就變成最人性化的敘事時間。我們在敘事中把許多事件形構化起來，佈局成為整體的故事，從許多事故中導引出一個有意義的故事序列：在當下，針對過去，整理出未來的行動。因此，正是在當下時刻的敘事行動，過去的事件得到詮釋（而不只是一件單純發生的事故），而當下也隱含著為未來的敘事更新的可能性。我們在敘事行動中佈局、組織我們的苦難事件，苦難的事件使我們可以走到現在，並走向未來。如果人們能夠體會本書關於心理韌性的描述，在面對危難之時，可以知曉我們本具心理韌性的能力，從而更有方向地，對事件做出更有信心的敘事。因為我們相信自身具有的修復能力是可以改變已有現況的。當機會來臨時，我們確實可以盡全力謀思改善的可能性。

閱讀本書之後，我們可以更有信心地運用敘事方法。在現在時刻下的自我敘說，以過去為基礎，使未來在我們每一次的敘事中都可以有改善的機會；我們每一次的敘事都可以交織過去，在各種細節內重新交織。心理韌性的表現，可以和時間與敘事理論互補。透過呂格爾的三重模擬論，我們看到心理韌性是如何運作的；每一次運用敘事，都是心理韌性的表現，它使我們的交織與面對未來再生性的組構，得以展現出來。本書的內容讓我們看到，敘事可以綿延地展現出來，既與原有的過去事件連貫，亦有重新處理的當下新的敘事，之後又再度展現為對於未來的行動。

閱讀本書之時，我恰巧正身處人生的苦難之中，而閱讀的經驗一如這本書的原文書名「禍中之福」（Un Merveilleux Malheur），我在作者所呈現的禍福相依相待的辨證之中，看見自己的痛苦中隱含著至福，而得到些許的慰藉。我們衷心期盼每一位身處災禍困苦中的主人翁，可以透過對本書的領悟，相信自身擁有的心理韌性能力，進而在時間中的敘事行動裡，積極展現新生。

【推薦序三】

彈性與編織：敘說中的防衛與重構

鄭印君（輔仁大學宗教學系副教授）

一尊受損的聖像如何修復？

我們或許無法修復一尊真實的受損聖像，但是卻能在想像中將其進行永恆化，並藉由話語的「編織」，雙向地進行修復：既是修復外在受損聖像的內在想像，也是透過內在受損聖像的修復重現，彌補（或是藉以漠視）外在的事實。不過，鮑赫斯．西呂尼克在本書裡也一再地指出，這雖然能解釋走出創傷的途徑，但同時得付出相對的代價。就話語編織的主體陳述位置而言，這一代價既是心理韌性（résilience）必要之要件、卻也是一種「不可能的凝視」。當主體進行述說時，此一陳述主體就處於了此一不可能凝視之座標位置，在這一位置上，主體雖然可以透過述說走出（或迂迴地防衛）創傷，但是其意義的回溯性構成，也使得此一述說主體——這一主體在述說中構築了一種迴圈，回溯性地排除異質元素——成為了一個不可能的主體，一種矛盾修辭主體。西呂尼克所舉出的「受損聖像」例子，不僅說明了損傷與修復之對應關係，也在一種明顯的能指意指（「受損」的「聖像」）中，呈顯了其中的有趣象徵性。

敘說的能力在於重塑主體之認同，此一認同就結構主義者而言，在於敘事的結構給予了一種進行解釋的後設架構，因而主體在二元對立的詮釋形塑中，既能感受其中的對立性，也能在此一對立性中找到其中的後設架構，我們可將此視為是一種回溯性地意義生成作用。因而在對「禍」的述說理解中，其亦設定了一個互補的「福」。所以矛盾修辭之所以能提供解釋，恰好在於其不可能性，因為這一不可能性，主體有了新的契機。當飽受折磨的孩子幻想著：「遲早有一天我會走出來的……我會跨越這一切……我會讓他們知道……」，其在話語中所展現的夢想喜悅與痛苦承受，正在於述說所構築的防衛迴圈，其在既排除又構築的不可能性中，使得主體成為了排除與建構的幻想主體，以便能懷抱夢想地走過泥濘難行的道路。所以說，我們的故事並非（？）命中註定。

另外值得一提的是，本書在一定的面向上，指出「社會再現」對於療癒與心理發展之重要性，以及當代心理研究的一些謬誤。例如，將內心世界與外在世界過度分開，使得對於個人之心理研究脫離外在社會。但是，就算是同樣的行為場景，在不同社會脈絡中產生的意義，卻有時可能完全相反。西呂尼克就指出從社會的角度來看，販毒是犯罪的行為，可是對於那些為社會所賤斥的人來說，販毒卻是一種拯救、修復或甚至是心理韌性的行為等。這些因為罪行成為心理韌性者，反而藉著修復家庭而自我修復，成為犯罪者反而找到自我的尊嚴，進而構成主體本身的價值，甚至構成了社會契機。這些，都能讓我們在閱讀本書的過程中，重新思索、反省我們關於自身的述說、我們所習以為常地接受的各種關於社會現象的述說，其實在對於這些述說的認同與重述中，我們是否也在進行各式各樣的防衛，同時在述說的防衛排除中，漠視了其中的可能謬誤，並在這些漠視中，無意識地壓迫著生命中的鄰人。

【導讀】

從沙粒到珍珠：西呂尼克與心理韌性的跨領域編織

林德祐（國立中央大學法文系副教授）

■西呂尼克：在不同領域編織的創傷研究者

鮑赫斯・西呂尼克一九三七年七月二十六日出生於波爾多，他是心理醫生、行為學家、神經病理學家、精神疾病醫師。研究醫學期間，西呂尼克投入了一種全新的學科——行為科學，專門研究自然界動物的行為，這在六〇年代的法國社會還算是一個尚未開發的領域，當時風氣保守，這樣的新興學科對僵固於二元對立、邏輯正確的研究領域不無帶來衝擊。而西呂尼克幾乎是把這種行為學應用到人類身上的先驅。不僅對情感生物學、語言能力、身體符號有特別的研究，他還把以前僅限於動物研究的方法運用到人身上，目的是要研究人類發展，人際關係系統的紛雜，語言、無意識與非語言傳遞對個人心理建構的影響。這是一種以整合取代分析的方法，西呂尼克將行為學帶入精神病理、社會心理學，且不願被視為是這一門領域的專家。對他來說，跨領域的作法將不同學科融混在一起，才能夠多面向、多視角來了解人類的整體，避免因果論或二元論的化約主義。

西呂尼克在法國早已是家喻戶曉的名人，是繼朵爾托（Françoise Dolto）之後最受廣大群眾喜愛的精神科醫師，他的研究著述深入淺出，結合不同領域的觀察，不流於矛盾空談，論述廣博，卻又不至於曲高和寡，因為他相當懂得把高深的理論或醫學用語，以普遍讀者可以理解的語言講述。他的著述中也可以看出他興趣廣泛，穿梭不同領域又能巧妙銜接。經常可以看見西呂尼克受邀至電台或電視台上節目，講述的話題相當多元：人際關係、社會現象、國際現勢，甚至文學與哲學議題，足見其跨領域的關懷。

在法國，一講到他，大家就立刻聯想起心理韌性，西呂尼克是第一個在電視節目上暢談心理韌性概念的醫師，在他的推廣之下，心理韌性變成一個全民皆知的革命性概念。在此之前，這個概念只停留在大學或學院的專業講堂中。以前的心理治療或是精神分析都只關注個體遭遇的不幸事件：受虐兒經常被貼上標籤，甚至命運從此定型——日後他們會變成施虐的父母親。西呂尼克這本書就是要破除這種偏見。所有的理所當然其實都不是那麼理所當然，一方面被認定為必然的真理往往已經無可辯駁，已經成為論述而變得根深蒂固，所以不再被思考了，於是真正的內容早已從我們眼下溜走，另一方面，必然的真理往往像是一場騙局，讓我們誤識而毫不知情。

創傷提煉術

《心理韌性的力量：從創傷中自我超越》這本書出版於一九九九年，和後來陸續於二〇〇一年和二〇〇三年出版的《醜小鴨》（*Les Vilains Petits Canards*）和《幽靈的叨絮》（*Le Murmure des fantômes*）可組成三部曲，作者不斷強調的便是心理韌性：個體經歷了創傷與生命威脅的事故後重新修復適應社會的能力。

每個人在生命的經歷中都會遇上一件或數件創傷事件，足以阻礙他的個性發展。創傷可以突如其來，也可以是來自許多不易察覺的小事件，很難追究其源頭為何，並對症下藥。西呂尼克認為長期以來大家總是圍繞著痛苦談論，他想要觀察的是那些遭遇創傷自行復原的人。在本書中，西呂尼克透過科學研究、見證資料，與其他領域學者進行的研究，試圖談論兩個概念：心理韌性和矛盾融合法。

「韌性」一詞最初是物理學的詞彙。原本的意思是一個物質遭受撞擊後恢復最初型態的能力，例如鋼就是一種相當具有韌性的材質，而玻璃的韌性較差。然而，西呂尼克所要講述的韌性則遠遠超過這單純的對比：這個詞轉入社會科學裡，變成了「心理韌性」，指的是「個體在遭遇外力威脅與嚴重的創傷後能夠重新生活，正向發展，重新適應社會的能力。」很多醫生早就發現這種現象，只是在西呂尼克之前，大家都只是點到為止，並未特別深入詢問心理韌性湧現的心理和社會處境。醫學和精神病理學只探討病理，對於個體抵抗能力則從未進一步分析。為何對於這些走出創傷的個案較少研究呢？是刻意的忽略嗎？有可能。但是最主要的原因恐怕還是在於社會或文化對於倖存者有一股普遍的偏見：「他們沒有死去，那是因為他們跟施暴者妥協了。只有罹難者才是真的無辜。」

要如何講述自己遭遇的災難或創傷？這關係到受創者內心的重建。敘述是一場包袱，把內心話講出來是釋放，有可能改善人際關係，但更常見的是帶來壓力，甚至毀掉與他人的關係。並非把自己的不幸娓娓道出，問題就迎刃而解。創傷者還要面對否認主義的集體記憶，如果不是否定主義，就是集體失憶。創傷者講話注定是要冒著極大的風險。祕密具有防衛的功能。周遭的人會因為聽了你的祕密而關係變質。講出心裡的話，把自己深沉的創傷全盤托出，周遭的人會怎麼對待，如何反應，對於當事者的重建都具有關鍵的重要性。試想，如果有人曾經遭到父親亂倫，他要如何講述？不講，自己與祕密一起囚禁在深淵中；講出來，固然釋放重擔，但周遭的反應日後會一直把他和這個事件連結在一起。對創傷者而言，心理、話語的支持很重要。

要有心理韌性，就必須有創傷。創傷會銘刻在記憶深處，像幽靈般，與主體如影隨形，因此，心理韌性並不是幸福的同義字。西呂尼克經常使用編織與織網的意象。心理韌性不是本質的問題，而是一種編織的過程。我們一輩子都在與我們周遭的人事物進行情感與社會的編織。生命的發展就是在織毛線，不停的織，有時要拆掉，在拆掉的地方繼續編織下去。人活著便是一直處於編織的狀態，每次的際遇都是一種機遇，影響著自己的人生選擇與專業選擇。

另外一個關鍵字就是矛盾逆轉（oxymore）。矛盾對位法原本來自文學修辭術語，亦即將兩個意義對立的字詞結合起來，產生的效果往往更加的強烈。以自我分裂來適應環境。心理韌性的構成要素本身就是一場矛盾的融混。從外在行為來看，心理韌性證明一個人可以走出創傷，重新站起來，從內部來看，每個人的內在都架構於矛盾協調之中，創傷者的內在撕裂成兩半，天堂與地獄並存，幸福也建立在某種險峻的處境邊緣。一個遭受創傷的人跨越自身的苦痛，雖然遍體鱗傷，卻依然堅持抵抗，依然懷抱著希冀，這即是一種矛盾對立處境。矛盾的相融正是受難者走出逆境的寫照。而心理韌性的代價正是這種矛盾的組合，人可以超越最慘痛的創傷後還過得更好。一個人可能經歷過不幸：性侵、戰爭或屠殺，但他還是有能力去愛人、去工作，組織一個家庭，只要人生路途上依然有人伸出援手，讓他情感上有編織的依靠點。西呂尼克寫的不只是臨床實驗的外部觀察，他更從內部出發，或許也有他以創傷過來人的身分從內心講述這些既神奇又神祕的修復經歷。這也是為何讀西呂尼克的論述不但不枯燥，還引人入勝。

■ 文學的救贖或心理韌性的編織？

值得一提的是，西呂尼克的心理韌性也經常被用來研究文學作品。除了他自己在著述中提到文學作品，例如《苦兒流浪記》、《W或童年回憶》或把文學修辭帶到精神病理，心理韌性的精神本身就是一場文學歷程。一個作家為何書寫？書寫什麼？帶來什麼效果？文學或許更加神祕，言語無法觸及，但是心理韌性卻已經有效地暗示文學的動機與運作。親身經歷災難或是活在災難敘述下長大的作家，經常可以提供藝術即是心理韌性的例證。就以二〇一四年獲得諾貝爾文學獎的法國小說家蒙迪安諾（Patrick Modiano）為例。他並未經歷過德軍佔領期的納粹恐怖事件，然而父親的長期缺席，母親的緘默不語形成了一場喧譁不已的祕密，再加上社會論述的繪聲繪影與避重就輕，使他成為瑪麗安・赫許（Mariane Hirsch）所謂的後記憶世代。這些世代並沒有真正經歷恐怖事件，或遭遇事件時年紀很小，不見得能夠理解災難的嚴重性。然而，他們透過藝術或文字等不同的方式，傳達或表達出父母親對他們敘述的恐慌。這些第二代所接觸的恐慌是間接的，對過去的遙想並非透過記憶，而是透過想像，透過他人的敘述而來，而他們的創作歷程具有修復自我的功能。書本實踐了一種象徵性的修復，賦予亡者存在的契機，正如培瑞克在《消逝》（*La disparition*）一書中提過，必須讓那些死無葬身之地的人重現在記憶中，檔案文學也可以是他們的衣冠塚。創作的先決條件不見得是創傷，然而創傷帶來的契機卻是創作。創作是一種抵抗，是一種尋找身分，宣示身分的行動，身分的確立才能擺脫悲劇，找到希望，啟發新的寄盼，新的書寫策略。此處，心理韌性編織的概念與文本織物的理念鑲嵌在一起，羅蘭．巴特（Roland Barthes）不就如是說：「文本即織物，主體由於全身在這種織物組織中而獲得解脫，就像蜘蛛在吐絲結網過程中獲得解脫一樣」？

心理韌性是一個階段，可以孕育出新的希望與形式，可以帶來動力與續存策略，或是轉變的契機。這是一種「美妙的不幸」（本書的原文標題），讓人可以克服困境，以另外一種方式存活下來。心理韌性可以讓所有的挫敗有效地被吸收，不但可以避開各種形式的混亂，也可以重建社會論述與功能。

西呂尼克的著述具備了這樣柔韌的特性，穿梭在各個彼此各自為政的領域中，醫學、歷史、文學、藝術或哲學皆可在西呂尼克的書籍中找到運用的可能。我們更可以將心理韌性的論述帶入台灣學界，不僅在心理或精神科學中獲得發揮，其中也可以協助理解當前刻不容緩的轉型正義問題，促使我們研究台灣歷史或文化中許多不為人知的心理韌性議題。最後，這也是一本極富詩意性的書，沙子入侵了牡蠣，牡蠣為了自我防衛，會分泌生命汁液將沙子裹住，於是產出了質地堅實，光華璀璨的珍珠。心理韌性的繁複都包含在這一個簡單的意象之中。

引言

INTRODUCTION

引言

事情完全不是像你們認為的那樣。災禍絕對不可能是美好的。1 當考驗來臨時，我們是否應該聽天由命呢？如果我們想要奮力一搏，哪些會是我們的祕密武器呢？

走出傷痛的兒童，令人刮目相看

這種奇蹟不是今天才有的。面對這些曾經遭受不幸，卻又能走出陰霾的小孩，我們總是眼睛為之一亮，覺得美妙不已。然而，這種傳統的提問法正顯示出，問題尚未被研究就已經被詮釋了。我們之所以覺得美妙不已，是因為他們「戰勝」自己「不幸」的遭遇。因此，美妙和不幸已經被連結起來了。而所謂戰勝，要讓一個觀察者發現有所謂的「戰勝」發生，通常必須讓那個受創的小孩，有時間動筆，將自己的人生化為一頁一頁的篇章，透過回顧過去，發現自己已經戰勝不幸的陰霾。

通常是多年過後，會自我反思了之後，我們才能重新看待童年經歷過的災禍，並提供一個超越的意義。然而，事實上，創傷的經驗原本就摻雜著痛苦與希望。受到傷害的當下，那個飽受折磨的孩子會幻想著：「遲早有一天我會走出來的……我會跨越這一切……我會讓他們知道……」夢想的喜悅雖然與真實的痛楚混雜在一起，卻使人能夠承受痛苦。或許正是這種折磨，激發了幻想的需求？「泥濘難行的路途使人更加渴望精神上的黎明，對真理的寄盼更加堅韌。」[2]

災難並不神聖，幸福也不單純。但是當我們將這些磨難化為文字，我們正為所受的痛苦尋找意義，多年以後，我們了解這些災難如何被轉化成美妙的感覺，因為遭受過創傷的人勢必會經歷一場蛻變：「我學習將挫折轉化為考驗。如果挫折使我們垂頭喪氣，考驗可以使我們昂首闊步」，法國小說家安袞雷（Catherine Enjolet）說道。[3]

有兩個詞彙可以提供我們方法，觀察和理解這些創傷者的神祕行徑，他們已經走

1 編註：本書原文書名 *Un Merveilleux Malheur* 意為「美好的災禍」或「美妙的不幸」。

2 費倫（Ferran A.），〈引言〉（Introduction），波特萊爾（Baudelaire C.），《短篇散文詩》（*Petits poèmes en prose*, 1869 ; Paris, Hachette, 1951）。

3 安袞雷（Enjolet C.），《沉默的危機》（*En danger de silence*, Paris, Robert Laffont, 1999, p.9）。

過創傷，長大後又重新回顧傷口。這兩個奇特、令人矚目的詞彙就是：「心理韌性」（résilience）和「矛盾整合法」（oxymoron）。

「心理韌性」一詞來自物理學，原本指的是身體抵抗外力衝擊的能力。但是這樣的定義太過於本質主義。放置在社會科學裡，「心理韌性」可以被理解為「個體遭受致命的打擊或創傷之後，能夠回復到理想的狀態，重新適應社會生活，發展出正向的能力。」[4]

要如何在遭受了命運的打擊之後，還能順利長大成人？這個令人讚嘆的提問，從我們試圖尋找童年這個失落的大陸以來就存在了。《苦兒流浪記》[5]裡那個乖巧的主人翁雷米就曾尋思：「我是一個撿來的孩子，可是我相信我跟所有其他的孩子一樣都有個母親……」兩冊讀下來，雷米經歷了街頭流浪、童工壓榨、衝突打擊、搶劫與貧病交加之後，終於在倫敦安頓下來，過著能被社會接受的生活，一首拿坡里的歌謠為他的人生做註解，歌曲裡提到了「溫柔的話語」和「愛的權利」。這一類型的原則同樣也是狄更斯故事的原則，狄更斯在自己悲慘被壓榨的童年中汲取靈感，轉化成痛苦與勝利的主題。「我完全相信人的痛苦以及痛苦開出的細緻花朵可以做為道德啟示之用。這些痛苦包含我們最良善與最惡劣的天性，最醜惡以及最美麗的面貌。」[6]當我們閱讀托爾斯泰的《青春》時，我們不斷地聯想到阿哈貢（Aragon）[7]的詩句：「人就是這樣活著嗎？」[8]在高爾基[9]的《童年敘述》[10]中，他始終描述著同樣模式的歷程：「第一幕：悲慘篇—童年流浪（一九一三—一九一四）；第二幕：修復篇—討生活（一九一五—一九一六）；第三幕：勝利篇—大學就讀（一九二六）。這些大眾小說最終只是要呈現一個想法：受過的苦都不是白費的，突破逆境、獲得勝利是大有可能的。

這個主題經常反覆出現，像是人類基本的需求，而它正是絕望者唯一的寄託：「如果你能夠看著生命的結晶被摧毀／不發一語又重新打造／如果你能夠心智堅毅而不輕易發怒／如果你能變得果敢而不冒失／如果你能在挫敗後又贏得勝利／那麼你就可以成為一個人了，兒

---

4 瓦尼史騰達爾（Vanistendael S.），《蛻變之鑰：心理韌性》（*Clés pour devenir : la résilience*），瓦隆城堡星期五沙龍（Les Vendredis de Châteauvallon, nov. 1998）；國際天主教兒童局，《國際天主教兒童局札記》（BICE : Bureau international catholique de l'Enfance, *Les Cahiers du BICE*, Genève, 1996, p.9）。

5 馬洛（Malot H.），《苦兒流浪記》（*Sans famille*, Paris, Hachette, 1933）。

6 狄更斯（Dickens C.），《孤雛淚》（*Olivier Twist*, 1838, Paris, Gallimard ; 1982, p.11 et 14）。

7 譯註：法國二十世紀超現實主義詩人。

8 儒安（Juin H.），〈序言〉（Préface），收於托爾斯泰（L. Tolstoï）的《青春》（*Jeunesse*, suivie de *Souvenirs*, Paris, Le Livre de poche, 1971, p.13）。

9 譯註：俄羅斯二十世紀詩人、作家。

10 艾瑞克森（Erikson E. H.），《童年與社會》（*Enfance et société*, Neuchâtel-Paris, Delachaux et Niestlé, 1982, p.237）。

子。」──吉普林（R. Kipling）[11]

「蘿蔔鬚」[12]這個受盡凌虐的兒童，在故事的結尾總算撥雲見日，找到希望。當作家巴贊（Hervé Bazin）[13]最終安排父親制伏了一向兇悍的母親讓她無話可說時，他終於能夠獲得內心的平靜。泰山原本是一個脆弱的小孩，生活在遍地險惡的叢林裡，最後卻能成為所有猛獸愛戴的領袖。蒙面俠蘇洛和超人都是小小的公務員，也能懲奸除惡，伸張正義。導演楚浮（François Truffaut）和歌手尚─呂克・拉艾（Jean-Luc Lahaye）都把他們不堪回首的童年寫成故事。作家拉畢耶（Dominique Lapierre）在《快樂的城邦》[14]書中也提及，那些遭遇不幸的人具有驚人的快樂能力，曾經幫助過流浪漢的人都親身體驗到這一點。[15]

■ 當受創的孩子成為小說主角或科學研究對象

事實上，這些社會版的童話故事見證了大眾小說在工業文明裡的誕生。這些故事在我們心中植入了希望的種子，也闡釋了這句座右銘：「不必同情，我們的笑容是一件武器。我們比失望更強大。」

二十世紀，專家學者們老愛圍繞在嬰兒床邊觀察紀錄，小孩成為科學研究的對象。每個領域的學者都有自己的見解。兒科醫生關注的是生物學觀點下的兒童，而心理學家感到興趣的是象徵性兒童，他們不見得能從社會制度下探看兒童的形象，也對於歷史學家筆下的相對性兒童形象感到訝異。

第二次世界大戰之後，對兒童的觀察與研究才真的有革命性的突破。安娜・佛洛伊德（Anna Freud）就觀察到，有些來到孤兒院之前遭到虐待的兒童，後來還是能順利發展為成熟的個體。[16]朵爾托（Françoise Dolto）[17]也同意：「有些人因命運的緣故或意外事件自幼失去母愛，甚至喪失雙親，然而，他們也可以有健康的身心發展，儘管過程各有差異，但是與

---

11 譯註：英國十九至二十世紀中的散文作家。

12 譯註：《蘿蔔鬚》（*Poil de Carotte*）是法國二十世紀作家儒勒・何納（Jules Renard）的自傳體小說。

13 譯註：二十世紀法國詩人與作家，其小說《毒蛇在握》（*Vipère au poing*）講述作者遭受母親虐待的童年。

14 拉畢耶（Lapierre D.），《快樂的城邦》（*La Cité de la joie*, Paris, Robert Laffont, 1985）。

15 拉普（Rapp B.）關於〈波哥大的孩子〉（gamins de Bogota, 1998）之個人通訊。

16 布林翰（Burlingham D.），安娜・佛洛伊德（Freud A.），《無家可歸的嬰兒》（*Infants Without Families*, Londres, George Allen, 1994）。安娜・佛洛伊德，《正常與病態兒童》（*Le Normal et le Pathologique chez l'enfant*, Paris, Gallimard, 1965）。

17 編註：法國家喻戶曉的兒科醫生，兒童教育家，兒童精神分析大師。

一些健全家庭下成長的孩子沒有兩樣。」[18]

九〇年代起，心理韌性的問題朝向保護的因素著手：兒童遭遇生存的逆境時會啟動內在自我防衛機制[19]，例如自我分裂，也就是將自我劃分為兩部分，一部分的自我是符合社會認可的，另一部分則較為隱密幽微，表達的方式比較迂迴，也令人意想不到。「你說的沒錯，但是……」，自我分裂者會這麼說。[20]否認可以使人不去面對外界的危險，淡化傷口的痛楚：「不，這不是一種自我麻痺。」夢幻如此美麗，現實是一片廢墟。夢幻使人往美好的避難所逃逸，逃避了現實中棘手的人際關係：「我迫不急待，期盼著夜晚與我的美夢相逢。」理智的沉思可讓人避開難以規避的衝突：「冷靜下來，我不是說你，我指的是那些施暴者……」抽象驅使我們往普遍的通則尋思，使我們更能掌控或避開敵人，如果沒有危險，反而會導致智慧遲鈍。

最後，幽默感一下子就可以扭轉處境，把一種沉重的悲劇轉化為輕巧的欣悅：「我體驗過，離幽默不遠的地方，有死亡，有謊言，有卑躬屈膝，有孤獨無依，有不可承受、充滿張力的溫柔，有拒絕表象的企圖，有隱匿的祕密，有一道無限的距離，有抗議不公不義的吶喊。」[21]畢耶杜（François Billetdoux）[22]的這段話講述了幽默、不可承受的溫柔與危險的祕密，他完全沒有意識到，這段話正符合貝里尼（Roberto Benigni）的《美麗人生》[23]這部電影的情境。這部電影不見得是要嘲諷奧斯威辛集中營，真正要講的是幽默感的保護作用，以及幽默感的……代價——第一幕：幽默感與歡樂氣氛還是混在一起，整個氛圍像是節慶一樣，壞人還像是喜劇中的丑角。第二幕：所幸這些受難者具有幽默感，讓他們能夠承受這些無法忍受的慘境。第三幕：倖存者勝利。「保證會讓人笑死」[24]，電影中的這一句台詞向我

---

18 朵爾托（Dolto F.），《生活的困難》（*La Difficulté de vivre*, Paris, Carrère, 1987）。

19 魯特（Rutter M.），〈社會心理學之心理韌性和保護機制〉（Psychosocial resilience and protective mechanisms），《危險和保護因子在精神病理學的發展》（*Risk and Protective Factors, in the Development of Psychopathology*, New York, Cambridge University Press, 1990）。

20 伊歐內斯柯（Ionescu S.），賈克（Jacquet M.-M.），羅特（Lhote C.），《心理防衛機制。理論和臨床分析》（*Les Mécanismes de défense. Théorie et clinique*, Paris, Nathan Université, 1997）。

21 畢耶杜（Billetdoux F.），引述自Roux G. & Laharie M.，《情緒。歷史，文化和心理學》，波城：藝術治療與表達心理國際協會（*L'Humour. Histoire, culture et psychologie*, Pau, Société internationale de psychologie de l'expression et de l'art-thérapie, 1998）。

22 譯註：法國二十世紀作家，作品以黑色幽默著稱。

23 編註：一九九七年義大利電影，獲奧斯卡最佳外語片、最佳男主角；歐洲電影獎最佳影片及多個國際大獎。內容講述義大利猶太裔父子被送進納粹集中營，父親不忍年僅五歲的兒子受到驚恐，以豐富的想像力杜撰他們正身處一個遊戲當中，必須接受集中營中種種規矩以換得分數贏取最後大獎。

24 貝里尼（Benigni R.），西哈米（Cerami V.），《美麗人生》（*La vie est belle*, Paris, Gallimard, coll. Folio，1998, p.251）。

們說明了一種模擬兩可的防衛機制：這種機制可以保護我們，但我們也必須付出代價。

培瑞克（Georges Perec）[25]也非常懂得這種令人捧腹大笑的藝術[26]，他向我們講述「家禽家畜自我中心的崩毀（《動物心理文獻》，一九五八年，六十六期：頁三五—三八）」或是「冷凍乾燥青花菜中出現大麻素（《法律政治實驗室期刊》，一九七九年，一五八期：頁九七五—一〇〇七）」。事實上，他用幽默感嘲諷行政不知變通的保守主義者冷血的暴力，這些人只因依法規定，就可以殺人於無形。《W或童年回憶》（*W ou le souvenir d'enfance*）也提到這種無視於人類心靈的暴行，書中提到，奧林匹亞的行政中心會處死那些沒有獲獎的運動員，一切就是依法行事。「我們沒多久就在這個數十萬人遭受毒氣屠殺的地方，重新居住下來。我沒有特別感到為難」[27]，翰斯．孟克（Hans Münch）曾見證道，他曾是奧斯威辛集中營執行人體實驗的門格勒醫師（Dr. Mengele）醫師的助理，他的外號是「最善良的夥伴」。

獨裁者想提供人民幸福，但是不喜歡人民搞幽默，因為幽默是對抗痛苦的信號：「十月劇團因演出封德諾戰役（La Bataille de Fontenoy）一劇而聲名大噪，裴維（Jacques Prévert）所寫的劇本自然惹惱了史達林，因為對史達林而言，幸福的民族如蘇維埃，是不需要幽默感的。」[28]當痛苦過於劇烈，個人只能眼看著痛苦蔓延，默默忍受。但是當我們有了足夠的距離將這場經驗轉化為戲劇的呈現，災難反而變成可以承受，或者說，這不幸的記憶被轉化為笑聲或藝術品。這就是為什麼安妮．法蘭克（Anne Frank）的《日記》[29]在戰後被廣為閱讀，而那些直擊現場的見證卻沒有人要聽。這些見證讓人無法忍受，既無法讓人感到好笑，也無法催人眼淚，完全是聳動駭人或是無可思考的內容。文化對於無法昇華的事物總是一味否認：「今天如果我能改變你對我的觀感，我就能夠轉變我對我自己的看法。」這或許是一種剃刀邊緣的自我防衛機制，因為如果我能夠使你對我不幸的遭遇莞爾一笑，這就證明了我已經成為我過去的主人，我已經不再像昔日那般的悲慘了。一旦我能夠「與強勢的真實保持一段距離」[30]，我自然就能夠掌控那些遭遇的再現，掌握創傷心靈的敘述主體：「我不再是

---

25 譯註：法國二十世紀中後期小說家。

26 培瑞克（Perec G.），《培瑞克文集與其他科學記事》（*Cantatrix Sopranica L. Et autres écrits scientifiques*, Paris, Seuil, 1991）。

27 孟克醫師是奧斯威辛集中營內保健機構的醫師，〈訪談〉（Interview）引自《愛國抵抗月刊》（*Le Patriote résistant*, n° 710, déc. 1998, p.5）。

28 德羅吉（Derogy J.），《幸運線》（*Une ligne de chance*, Paris, Fayard, 1998, p.35）。

29 安妮．法蘭克（Frank A.），《日記》（*Journal*, 1947, édition originale néerlandaise : Vitgeverij Amsterdam ; trad. Française, Calmann-Lévy, 1950）。

30 佛洛伊德（Freud S.），〈幽默感〉（L'humour），收錄於《焦慮的陌異感及其他文集》（*L'Inquiétante Étrangeté et autres essais*, 1927, Paris, Gallimard, 1985, p.321-328）。

那個遭受凌虐的人……如今我終於可以將創傷、受難的記憶轉化成可被接受的藝術品了。」

心理韌性尚未被廣泛研究，然而幾乎所有的治療師都已經再三確認，光是這一點就足以說明，我們的文化對創傷倖存者依舊是不信任的。「他們之所以沒有像其他罹難者一樣喪命，那是因為他們和施暴者妥協了。只有已經死去的人，才真的是無辜的。」這樣的思考邏輯不由分說地會講到魔鬼與上帝的分野，而沒有關注到我們私密的內心世界模擬兩可的特徵：有時我們會憎恨欽羨不已的人，有時又會在最痛恨的敵人身上尋找到一絲人性的蹤跡。

英國心理發展學家約翰·鮑比（John Bowlby）是依附理論的奠定者之一，近年來研究成果豐碩，終其一生，他衷心期盼日後心理韌性的研究能大有進展。他認為，心理學總是建立在一個不言明的假設：「人生越是艱難困苦，我們越有可能精神崩潰」[31]，然而事實卻不見得一定是如此。因為人生越是困苦艱辛，我們越是有機會看穿人生的艱困。然而，痛苦和悲傷並非精神崩潰的代表。

再說，我們並非永遠不會變動，因為我們會不斷地老去。同樣的事情也永遠不會引發相同的效果，因為事件再度發生時，我們也已經改變了。六個月喪母，這是陷入一場絕境，在還沒找到替代者時，小孩依然陷入感官匱乏的處境中，這是生存的危機；六歲喪母，母親永遠不再了，小孩變成一個「不完全的孩子」，這是心理情感的危機，身分的動盪。六十歲喪母情況則又不同，我們意識到自己遲早也要面臨這場考驗，這是形而上的危機。

創傷不盡相同，畢竟會會降臨在不同的時間點，也會降臨在不同的精神構造中。

創傷不盡相同，故事並非命中註定

我們的故事並非命中註定。

白紙黑字寫下的東西並非不可更動。今天正確的，明天未必依然無誤，因為決定論的賞味期限非常短暫。我們經歷過的苦痛迫使我們蛻變，我們總是希望改變生活的方式。這也是為什麼早年匱乏會帶來暫時的脆弱，日後隨著情感與社會的際遇，創傷有可能逐漸修復或是急轉直下突然惡化。

從這個角度來理解，心理韌性可說是一種自然的過程，我們原本的樣子必然會和生態環境、情感環境和語言環境交纏、編織在一起。只要其中一個環節出了問題，一切都會崩毀。

31 鮑比（Bowlby J.），〈發展心理學之濫觴〉（L'avènement de la psychiatrie développementale a sonné），《發展期刊》（*Devenir*, vol. IV, n°4, 1992, p.7-31）。

只要一個倚靠點出現了，重建的工作就可以開始了。

當然，創傷的當下，大家都只惦記著傷口。成年人往往是重新修復之後才能夠講述童年遭遇的拂逆，也只有在這種情況我們才能討論所謂的心理韌性。通常我們都沉浸在回顧過去的幸福，我們只關注表象，只談及社會的重建，我們只知道這個人事業成功，對於他內心深處發生過的事一無所知。

問題必須從兩個面向來討論。從外部來看，心理韌性時有所聞，這也證明個人是可以走出自己的創傷的。從內部來看，人的結構必然包括矛盾整合法，這證明了創傷者內在是分裂的，天堂與地獄同時存在，幸福是建立在剃刀的邊緣。

盎格魯．薩克遜人世世代代總是強調要樂觀，就像他們的座右銘說的：「我有，我在，我能」[32]，為了要釐清這一團編織之謎，他們特別作了實地考察，關注創傷兒童的心靈這一塊領域，觀察他們的發展與變化。夏威夷的考艾島（l'île de Kawaï）上，兩百多名兒童接受長期追蹤調查，這些兒童都遭遇過社會或雙親的嚴重問題。數十年過後，有一百三十位兒童經歷過醫藥、情感精神和社會災難，印證了環境因素的重要性。但是對於其餘七十位快樂活潑、發展良好，變成社會菁英的這些小孩這段期間的演變，卻沒有人特別關注，更何況他們早年同樣遭受過生命嚴峻的考驗。

有十一位孩子接受美國社會協助，進行長達五十年的追蹤調查。研究人員定期會面，針對他們的生理、心理情感、智力和社交狀況進行報告。[33]剛開始觀察的時候，這些兒童的狀況相當脆弱，由於曾經遭受創傷。到了青春期，他們依舊是高風險族群，特別在情感和社會規劃方面，但是我們在大部分人的身上看見了心理韌性的因素逐漸發展出來：有一些變得獨立，擅長建立關係，富創造力和幽默感。許多成年人在童年時曾遭遇非人性的對待，長大後非常注重倫理的問題，這也證明因果循環並非不好的事情，悲劇不見得會重演。到了四十五歲左右，十一位兒童有八位事業有成。其他三個人生一團糟，他們卻不是當年受創最嚴重的人，不過他們曾經遭到孤立，也不曾有人支持鼓勵他們。

數十年來的研究更加確定了醫師們的感覺，他們都了解個案的歷史，這些個案顯示，如

---

32 韋納（Werner E. E.）的口號，引自沃林（Wolin S., Wolin R.），〈從年輕人的心理韌性成長到物質濫用的家庭〉（Resilience among youth growing until substance-abusing families），《美國兒科臨床期刊》（*Pediatric Clinic American*, n°42, 1995, p.415-429）。

33 韋納（Werner E. E.），史密斯（Smith R. S.），《脆弱卻堅不可摧：心理韌性兒童與青少年的縱貫研究》（*Vulnerable but Invincible: A longitudinal study of resilient children and youth*, New York, Mc Graw Hill, 1982）。

果兒童的周遭有一些有利於發展的輔導員，受創者可以走出創傷，未來不會是黑白的。[34]

有人針對六十多位安置在寄養家庭的兒童進行長期追蹤，直到他們二十五歲。[35]超過一半的人都有良好的轉變：他們身體健康，喜歡自己的工作，有固定的伴侶，小孩也都正常發展。百分之十二的人都能獨力應付事情，百分之三十二的人有醫療、心理情感或社會的問題。這一個子群的演變過並沒有比整體人口更加艱難，其中有百分之二十三的年輕人有身體、心理或社會的問題。童年經歷過不幸事件當然是一件艱辛坎坷的事情，但並非社會老是歸咎的跨世代悲劇。[36]

目前研究人員只注意到廢墟殘垣，而現在必須要開始邁向復原之路

值得一提的是，幾乎所有走出創傷的人，很快地就會建造出一套「人生理論」，包括了夢想的部分與理智化的過程。幾乎所有心理韌性的兒童都必須面對這兩個問題：「為何我必須承受這些痛苦？」這個問題會引導他們建構知識，有理智的思考。另外一個問題：「我要怎麼做才會依然快樂？」這問題則使他們開始築夢。當這個心理韌性的內在因素能夠遇到有人伸出援手，這些小孩子的變化就不見得處於劣勢。

這些兒童成年後過得最痛苦的，都是幼年患有精神疾病，遭受父母親凌虐的小孩，或者無法找到情感替代的小孩，這或許是因為他們過早地要為這些傷害他們的大人負責。這並不意味著他們會走不出自己的陰霾，而是更加確認了一件事情，他們的內在世界與外在世界無法編織出連結。

災難不見得會惡性循環。但是惡性循環經常是人為的，比方說我們的文化總是將兒童侷限於某一命運中，於是就索性讓他們與這場不幸沉溺在一起，努力地執行一件文化本身已為他們預設的事。還不說，這些創造性的預言所提出來的論據或數字根本來自三大謬誤。

第一，專家學者只鎖定一些重演受虐事件的人。他們忽略了另外一些成功案例，心理韌

34 路特・德・巴斯奇耶（Loutre du Pasquier N.），《棄兒的變化》（*Le Devenir des enfants abandonnés*, Paris, PUF, 1981）。

35 杜瑪黑（Dumaret A.），柯培勒・巴契（Coppel-Batsch M.），〈接待家庭的兒童成年時的發展〉（Évolution à l'âge adulte d'enfants placés en famille d'accueil），《兒童精神分析》（*Psychiatrie de l'enfant*, n°2, 1996）。

36 杜姆（Duyme M.），〈棄兒：認養家庭和保母的角色〉（Les enfants abandonnés : rôle des familles adoptives et des assistantes maternelles），《法國心理學專論》（*Monographies françaises de psychologie*, Éditions du CNRS, n°56, 1981）。

性復原者會設法自行排解傷口，在社會扶助的範圍之外。成功走出創傷的人往往在這些醫生工作的場所之外才會遇到，這種專業主義造成的偏頗也是情有可原的，畢竟醫師們要走出自己工作場域之外才會遇到走出創傷的人，通常在工作場域裡，大家都不提這些事情。

第二個錯誤，因果論不是真的。的確某些施暴的父母自己本身通常是受虐兒，問題是受虐兒日後就會變成家暴父母，這一點卻不見得是正確的。37

調查中提出的數據分歧不一定是缺乏一致性，而是證明了兒童創傷的變化取決於不同的環境組織。二戰後的那些遭遺棄的兒童後來成為父母親，如果在社會文化層面的發展不佳，他們通常會有遺棄小孩的念頭，對待小孩就像以前人家對待他們那樣。如果情況是處於文化社會層面的浩劫之中，他們會有拋棄小孩的念頭，或許就是自身曾經有過的經驗。然而，一九八〇年起，這種把兒童安置到救濟院的做法幾乎消失了，因為社會和情感機構更能照顧這群人。

第三個謬誤在於把內心世界與外在世界過度分開，彷彿個人是可以脫離外在社會，毫無瓜葛。然而，如果一個事件深深烙印在人的私密記憶中，那是因為這個事件是由周遭的文化，周遭的集體賦予了情感。同樣的一個行為場景在不同的社會脈絡中產生的意義，有時可能完全相反：從社會的角度來看，販毒是犯罪的行為，可是對於那些為社會所賤斥的人來說，販毒卻是一種拯救、修復或甚至是心理韌性的行為。在一些社會或文化貧瘠的地方，兒童始終處於卑微的地位。在學校自然就變成問題學生，因為家庭不重視他們，或因為他們晚上還要工作貼補家用。在暴力橫行的街區，這些孩子經常遭到拳腳相向，因為他們無力回擊。而社會也沒有接待他們，讓他們失業無依，還不斷強調他們是潰敗的世代，直到有一天出現了一個領導，告訴他們如何賺錢，出人頭地贏回尊嚴。隔天，這些人便匯錢給他們的家人，這樣一來便可以掌握這些吃盡苦頭的人。[38]他們因為罪行而成為心理韌性的人。他們藉著修復家庭而自我修復，他們因為變成犯罪者而找到自我的尊嚴。這種拯救的戲碼經常可以看到，尤其在波哥大、聖保羅街道上那些兒童。一個拒絕犯罪的兒童有可能遭到殺害。那些具有犯罪天份的人，在這般環境下構成某種價值，他們後來也能走出困境，日後甚至還能買下許多土地，購入私人武器，讓自己的小孩進入昂貴的明星學校，接受較好的教育。對這些

---

37 考夫曼（Kaufman J.），日格勒（Zigler E.），〈受虐兒會變成虐童的父母親嗎？〉（Do abused children become abusive parents ?），《美國矯正精神醫學期刊》（*American Journal of Ortho-Psychiatry*, n°52, avril 1987, p.2）。

38 布爾夸（Bourgois P.），〈美國種族隔離之抵抗與自我毀滅〉（Résistance et autodestruction dans l'apartheid américan），《社會科學研究》（*Actes de la recherche en sciences sociales*, n°120, décembre, 1997）。

心理韌性復原的兒童來說，社會層面的戕害絕對不會再發生，既然他們的小孩不會吸毒，而在這樣的情況下，有一個犯過罪的父親反而構成一個社會契機。

事實上，心理韌性有上千個影響因素相互牽連，必須加以分析，因為有些因素相對來說比較可行，也比較有效。自我情感的交織似乎是決定心理韌性能力的主要因素。然而，情感是一種身體感受到的知能：侮辱一個小孩，說他是私生子，還是尊他為貴族的後裔，自然會引發不同的情緒反應。這又回到我們之前說的，一個孩子因為自身行為而感受到的情緒，往往是社會論述框限出來的。

目前在以色列有二十萬名年約六十五歲的老人，他們年輕時經歷過歷史浩劫[39]：百分之二十八的人從集中營倖存歸返，百分之五十八的人隱姓埋名不見天日地過活，將近百分之十的人是抵抗軍，即便當時年紀很小。戰後這些兒童有好多年的時間都是抑鬱的，只有抵抗軍小孩例外。

這個資料詮釋起來並不容易。這些兒童是因為他們最具心理韌性才成為抵抗軍的嗎？會不會是抵抗軍彼此之間的團結與歸屬感才使這些兒童免於抑鬱的病症？還是他們在內心深處進行的自我敘述才是最大功臣：「八歲時我曾經跟德軍交手」，鞏固他們的自我情感，使他們的敘述身分比較像是英雄，而非受苦受難的那一群嗎？如果心理韌性是一種打毛線，這些因素都環環相扣。然而，此一時彼一時，換了一個時空背景，情況又大不相同，產生的效果也大異其趣。通常戰後抑鬱的症狀特別發生在五歲兒童這個群體，這也不令人意外。然而，卻也是相同的這一類組的小孩發展的最好，在家庭和社會上都有驚人的發展。抵抗軍兒童的這一子群並沒有出現太多憂鬱症的情況，但是這些當年的小英雄長大成人之後，還滿隨遇而安，社會地位平平，滿足於眼前的幸福，因為他們很容易就能知足平靜。相形之下，反而是那些送到集中營的兒童在家庭和社會的發展最為成功，一旦他們克服了集中營這無止境的傷痛。戰後的憂鬱促使他們積極追求家庭和諧與社會出人頭地的幸福。憂鬱沮喪反而逼著他們非尋找幸福不可！心理韌性的代價正是架構在這種矛盾整合的法則之中。

勝利的防衛祕訣在於矛盾整合法

「矛盾整合法」是一種修辭用語，主要連結兩個意義相反的詞組。最有名的例子就是

39 羅賓森（Robinson R.），〈猶太大屠殺倖存孩童的現況〉（The present state of people who survived the Holocaust as children），《斯堪地半島心理學刊》（*Acta Psychiatrica Scandinavia*, n° 89, 1994, p.242-245）。

劇作家高乃依（Corneille）[40]的「黧黑的光明」。[41]形容詞「美妙的」來修飾一個出乎意料的名詞—不幸[42]，這個修辭傳達一種對立。然而這並非一種曖昧不明的情態，比方說對一個人感覺既愛慕又憎恨的心情：「情人的內心有一種交戰，對同一個人既愛慕又憎懟。」這是佛洛伊德談及鼠人講過的話。[43]這種情感尤其顯現在妒忌的情況中，就像奧賽羅想要殺死這個世上他最鍾愛的女子，以便全然地佔有她[44]，或是一個孩子由於強烈地愛戀母親而咬了媽媽。曖昧不明的情感是一種衝動力，一種朝向欲求對象的運作，朝向我們最愛的人，同時這個人也是將我們牢牢綑住的人。而所謂的矛盾整合法卻不一樣，它指的是同一個人在遭受到外力打擊時，將自己一分為二，以便適應分裂的情境。遭受打擊的人的一部分在受苦，而另外一部分則是受到保護，安然無恙，只是更加幽微玄祕，幾乎用他所有絕望的力量極盡所能地投身幸福，延續活著的意義。腐朽與華麗，渣滓與花卉往往都是連在一起的。詩人聶瓦（Gérard de Nerval）曾寫出這樣的文句：「憂鬱那黑色的太陽」，這裡他並非要對立兩種不同的感官，而是要連結，就像憂鬱症患者總是自言自語，覺得受到死亡那種駭人的華麗所蠱惑：為何是「駭人」？因為他們害怕自身死亡的慾望，而為何又是「華麗」，因為他們渴求不再受苦受難。每個詞彙反而都強調了另外一面，對立把這些詞彙都照亮了。矛盾整合法也成為一個遭受創傷但依然頑強抵抗的人獨有的特徵，雖然遭受苦難，卻依然快樂，充滿冀望。一段創傷的經歷也可用拱頂的概念來理解：「在哥德藝術中，兩道撐起拱頂的相反作用力彼此抵住」[45]，正如安德列．于葛多（André Ughetto）[46]對我們的解釋。建築物的平衡是靠著交叉拱頂的兩道對立的力量而建立的。

一般來說，教育總試圖清除任何的矛盾對立。必須喜歡他人，必須原諒他人，同樣的也必須同仇敵愾，驅逐敵軍。如此一來，一切都是清晰的，矛盾的情結一旦受到調節，我們便可以清楚無誤的表達：要嘛喜歡，要嘛不喜歡，必須壁壘分明才可以。

---

40 譯註：法國十七世紀劇作家。

41 亞茲孟提耶（Azmentier L.），《十九世紀以降的文學理論與文學史辭典》（*Dictionnaire de la théorie et de l'histoire littéraires du XIXe siècle à nos jours*, Paris, Retz, 1986）。

42 編註：這裡說的就是本書的原文書名*Un Merveilleux Malheur*（直譯為「美妙的不幸」）。

43 拉普朗虛（Laplanche J.），彭大歷斯（Pontalis J.-B.），《精神分析辭彙》（*Vocabulaire de la psychanalyse*, Paris, PUF, 1973, p.20）。

44 編註：莎士比亞的悲劇《奧賽羅》中，一代名將奧賽羅受到小人挑撥，妒火中燒，親手殺死美麗善良的無辜愛妻。醫學上稱呼各種原因造成的嫉妒妄想為「奧賽羅症候群」（Othello Syndrome）。

45 于葛多（Ughetto A.），〈《惡之華》中的矛盾修辭的「精神」〉（La "morale" de l'oxymore dans *Les Fleurs du mal*），引述自《分析與思考…波特萊爾，憂鬱與理想》（*Analyse et réflexion...Baudelaire, Spleen et Idéal*, Paris, Ellipses, 1984）。

46 譯註：法國當代詩人、文學批評家。

在矛盾整合的法則中，兩邊都是缺一不可的。甚至應該說兩邊都是不可迴避的，畢竟傷口是來自歷史，當一個外在事件把傷口施加給他，讓他的身體和記憶都浸透傷口。矛盾整合法則描寫一種切斷聯繫的症狀，必須再銜接上，而一般的矛盾心理則是指稱組織關聯的病理。

波特萊爾可說是這種矛盾整合法的佼佼者[47]：「每個時辰都吞噬著你那美妙的屍塊……你貽我泥濘，而我轉成黃金」，詩人正好道出痛苦的煉金術，必須有兩者的相遇才能催引心靈創傷者的蛻變。他們該做的不是選擇這個或那個，同意或是反對，正方還是反方。他們就是受創者，僅此而已！他們只能適應，然後依然要竭盡所能地快樂活下去，在這塊痛苦的泥濘之中：「喔！泥濘般的崇高呀！偉大的卑劣呀！」

「身強體壯的男子」顯得相當脆弱，「在凍僵的太陽下」。殘酷凜冽的時代，超人就是詩人：「有一個人，我始終跟在他身邊，他懂很多詩很多詩」[48]，珍娜維耶夫．安東尼－德高勒（Geneviève Anthonioz-de Gaulle）提及拉文斯布魯克（Ravensbrück）集中營[49]時曾說道。[50]她又說：「跟我一樣，許多從集中營出來的同伴後來都變得更加強韌，對人更加友善。有一些沒有活著出來……正當大家都要放棄的時候，突然有一隻手拉了你一把，就這樣你活了下來，我們變成了希望的守護者。」[51]

在一個擁擠又貧瘠的社會中，詩歌、伸出的援手成為一種過氣的價值。然而，經歷過拉文斯布魯克集中營，人生中的所有事件都會以這個傷痛為參照，賦予這場過往一種特質：一張發票比一個殘廢的人更有價值嗎？曾經趴在地上舔著翻倒的湯，這樣的悲慘經歷能夠遺忘嗎？這些喧囂像是刺青，深深地紋在記憶中，往後的人生都會以這個事件作為指涉。對這位勇敢又慷慨的女性而言，所有的社會行動都指往拉文斯布魯克集中營這個事件：社會行動保護她呢？還是把她帶往過去的事件呢？對於克服難關的人而言，過去那件不幸的遭遇反而成為牧羊人的南十字星，引導她走向奇蹟，矛盾整合法則想說的就是痛苦如何蛻變成藝術品：「精彩的不幸人生」，桑龐[52]曾說：「暴力就是一種平靜的感覺，讓你躁動不安」，這是惹

47 波特萊爾（Baudelaire C.），〈時鐘〉（L'horloge），《惡之華》（*Les Fleurs du mal*, 1861）。

48 安東尼－德高勒（Anthonioz-de Gaulle G.），《面對人生》（*La Vie en face*），德法公共電視台檔案節目，一九九八年十二月一日。

49 編註：拉文斯布魯克集中營位於柏林北部，關押過十三萬猶太女性和兒童，其中三分之二以上死於毒氣、醫學試驗、飢餓以及疾病。

50 安東尼－德高勒，《穿越黑夜》（*La Traversée de la nuit*, Paris, Seuil, 1998）。

51 科林－西馬德（Colin-Simard V.），〈珍娜維耶夫・安東尼－德高勒訪談記〉（Entretien avec Geneviève Anthonioz-de Gaulle），《ELLE》雜誌（*Elle*, n° 2761, 30 nov. 1998）。

52 桑龐（Semprun J.），《再見，光明萬歲》（*Adieu, vive la clarté*, Paris, Gallimard, 1998, p.92）。

內[53]說的話。九歲的香妲勒[54]解釋說：「每天晚上，我都會給自己講一則睡前的故事，這樣我就可以一直醒著。」

不幸的遭遇永遠不會是美妙的。那是一種凍僵的泥濘，一團黑色的泥澇，一道傷痛的焦痂，我們被逼著做出選擇：屈服於命運，還是超越這場不幸。心理韌性說明了受創者走出創傷超越傷痛的彈性。矛盾整合法正適切地描述了這些受創的勝利者的內心世界。

受創者的勝利並非證明施暴者無罪

文化總是散播著這樣的論述：「在最美好的世界中，一切都是為了最美好的狀態而安排的。」一戰勝極限的人或許會回道：「你錯了，其他的災難都在醞釀中。當年我默默承受苦痛，你要我息事寧人不要出聲，因為你的否認可以保護你免受真相的蹂躪。如今你還想要人家不吭聲，已經走出創傷的人提出的見證，你還一味詆毀。只能思考一些眾口皆說的事情，任何超出群眾常理的東西都像是一種冒犯。」

跟一個受難者說他會好起來，並非意圖減輕施暴者的罪刑。不過，當受創者傷口逐漸癒合，他也能夠走出傷痛，為人生奮鬥。這時施暴者的形象似乎也變得較不猙獰。這個情感上的推論並不罕見。每次在心理韌性的報告之後，我們總會聽見義正嚴詞的憤怒之聲：「你怎麼能說戰爭沒什麼呢？」[55]現場有人反駁一個黎巴嫩的學者，他剛剛解釋說，有很多兒童經歷過戰爭而沒有留下任何後遺症，條件是照顧他們的大人不要把自身的焦慮加諸在他們身上……「請你要確定，我不可能會教學生強暴女人不會有任何後果」，這位哲學教授向一位精神病理師如此回應，這位精神病理師之前才發表說，遭到性侵的女子還是可以成為有能力愛人，有能力工作的人。[56]

所有關於心理韌性的研究同時也都是關於創傷的研究。當有人說：「有些遭性侵的人很

53 惹內（Genet J.），《竊賊日記》（*Journal du voleur*, Paris, Gallimard, 1949, p.14）。

54 勒梅（Lemay M.），瓦隆城堡學術研討會（Colloque de Châteauvallon）論文〈這些走過戰火的孩子〉（Ces enfants qui tiennent le coup），一九九七年六月二十一日。

55 巴杜拉（Baddoura C. F.），〈走過戰爭〉（Traverser la guerre），引自鮑赫斯主編《走過戰火的孩童》（*Ces enfants qui tiennent le coup*, Revigny-sur-Ornain, Hommes et perspectives, 1998）。

56 庫東索（Coutanceau R.），聯合國教育、科學、文化組織日（Journées UNESCO），法國心理健康聯盟（Ligue française pour la Santé mentale），一九九七年。

迅速就走出創傷陰霾」[57]，這並不意味可以性侵他人！試圖理解一個犯罪的人精神上出了什麼問題並不是在捍衛他，而是在預防侵犯行為的發生。然而，試著理解的當下，我們已經不再那麼怨恨了。塞吉．克拉斯菲爾就說，他不想要去理解對方的人格，因為如果跟對方建立個人關係了，他反而無法繼續調查追蹤。達涅．艾雷歐是足球教練，他也解釋，他不讓球員和對手講話，否則會影響戰鬥力。

有些人會喜歡維持恨意，恨意反而能讓自己的表現更好。可是心靈創傷的人既不想恨，也不想自溺在傷痛中：他們想要走出陰霾。常見的狀況是：原本應該要保護受害人的文化環境，卻反而以道德之名對他們二度傷害。「我是一個很積極走出陰霾的人，我遭遇到的事情（亂倫）讓我與眾不同。我必須自立自強。電視節目說這些兒童都過得不好。我不希望我會淪落如此，但無論如何，這讓我擔心不已。」這話是一個女子跟我說的，這個女子最近開了一家店，必須隱藏自己內心的悲劇，表現出若無其事的樣子。遭到父親的性侵之後，她又必須面臨文化對她的蹂躪，命運之坎坷，彷彿雪上加霜。

蒙面俠蘇洛幫助需要幫助的人，這些人必須都處於劣勢，這樣他才能來拯救他們。試想萬一這些人都走出自己的逆境，各個都自立自強了，那蒙面俠蘇洛會變成怎樣？

我們把族群分析法獲得的資訊和「個案追蹤」[58]結合起來，如此便可以更加理解團體的法則是什麼，構成個人自由的內容又是什麼。於是，把這些變動面貌置入自然科學之中[59]，我們更能往樂觀的部分探索。

57 賀德勒（Hedlund Eva），〈性侵治療之瑞典經驗。二十年耕耘後遭遇的困難？〉（L'expérience suédoise du traitement des agressions sexuelles. Quelles difficultés après vingt ans de travail ?），引自女性主義對抗強暴系列，《強暴：罪行，之後的生活》（*Le Viol: un crime, vivre après*），國家法官學校（École nationale de la magistrature），一九九五年一月十四日，p.43。

58 古本尼科（Koupernik C.），〈為特殊個案辯護〉（Plaidoyer pour le cas unique），《研究月刊》（*Pour la recherche*, n°2, mars 1998）。

59 瓦雍（Vaillant G. E.），《自我的智慧》（*The Wisdom of the Ego*, Harvard University Press, 1997）。

第一章

意外的希望

CHAPITRE PREMIER

L'espoir inattendu

兒童記憶中印象深刻的事情，對一個重建過去的大人而言，並沒有意義

「命運真是無情，六歲就被判死刑」，貝爾納說。「一個夜晚，我就這樣遭到逮捕。強光硬生生把我照醒。這種突然其來的強光肯定意味著什麼。房間裡出現大約六個男人，我想。我並不害怕，我只是驚訝。房間很小，這群男人分別站在床的兩側。這些穿便衣的實在比軍人還更嚇人。三更半夜，他們還戴著墨鏡。他們穿著西裝外套，帶著一頂西裝毛帽，顯得挺拔。他們一隻手持槍指著我，另一隻手拿著手電筒。後面是德軍，肩上拖著槍。

「點了燈之後，槍枝在光線照明下顯得荒謬可笑。蒂菠女士準備了一只小行李箱，向警察解釋說她已經準備好要照顧我。他們回答說必須逮捕我，因為之後我長大了可能會變成他們政黨的敵人。當下我感到驚訝，別人居然這麼在意我日後的派系或傾向。

「德軍不發一語。幾乎像是站哨般不動如山。倒也不全然是如此。偶有好奇的眼神，隱約望向天花板，無法和他們的眼神交會。法國警察則是侃侃而談，他們觀看，做出決定，下達命令，顯得比較人性！而德軍則是肩背著槍，矗立在走廊，他們眼神往上，不四處亂飄，也不看向別人的眼睛。比較不像人類的樣子！

「外面很冷，夜很黑。部隊似乎更加逼近。街道被封鎖，隊伍整齊的士兵豎起衝鋒槍。

他們排成一列隊伍，闢出一條路徑，通往布棚卡車和黑頭車。走道上，兇惡的士兵大喊，用腳踹東西。我就這樣被拖到一輛黑頭車裡，一位男子在哭泣，眼睛直視前方。我沒有恐懼，也沒有痛苦，而是極大的驚訝，因為哭泣的男子吞下口水時，可以看見他那顆喉結上下蠕動。」

記憶就是這樣，沒有意義的事件不會在記憶中留下任何蹤跡。在小孩子的世界裡，對喉結的驚訝反而比面臨死亡的驚訝還要多。「死」這個字還無感不覺，倒是上下蠕動的喉結反而留下長久的印象。對孩子來說，這反而是一種情感的存在。

大人會創造過去，因為他們以思考力替代了眼睛的功能，而孩子的記憶特別惦記了墨鏡、夜晚和蠕動的喉結，比大人的記憶更清晰，大人總是掉入自身理論的陷阱。總而言之，他們的記憶鎖定的是不同的層面。

大人的記憶隨年紀增長日益豐富，透過社會的重塑，事件的意義也有了新的意思。而孩子的記憶則保留一個對他們而言有特別意義的細節。夜晚戴墨鏡讓孩子發現大人也可以是不邏輯的。而一個蠕動的喉結則讓人發現一種不預期的性徵。德國軍隊和法國警察是在五十年後才出現在記憶裡，物換星移，當時社會普遍要求真相的環境下。

然而，也不要太否認這些回顧過去的問題。這不是謊言，而是重組過去。的確，一份敘述取決於說話者的意圖，以及他對聽眾想要製造的效果。為了要達成這樣的計畫，他運用了過去的事件，製造出一種自傳的假象，所有的元素都是真實的，然而最後只拼湊成一隻動物，只存在於故事的編造中。

一個記憶之所以背景清晰、脈絡分明，取決於發問的方式：「上一次世界盃足球賽，你看了多少場比賽？」這樣的問題必定無法精確的回答。如果是問：「你有沒有看球賽轉播？」回答肯定會是明確的。社會背景可以提供自傳記憶一些可信度高的座標，單純將事件串聯起來還不見得有這樣的可信度。人就是這樣，外在世界發生的事情總是比較可信，就像一道固置在我們記憶中的影像，我們也試著將這個影像放置在家庭或社會的背景之中。外在的座標提供我們內在影像完整一致的感覺。若不是如此，回憶恐怕只能以錯綜凌亂的影像堆疊，意義也難以湧現而出。

凌亂的影像只能透過他人標出的編年史座標才得以按照時間組織起來。安置到兒童救濟院的孩子，十多年期間更換機構多達二、三十次，他們保有一些清晰的回憶，卻不連貫。他們描述督導員如何僅以簡短的手勢和幾個彈舌的聲音和他們溝通，避免和他們正面說話。他們還記得他們祕密打造的茅草屋形狀和葉子的顏色，以及他們玩的擲距骨遊戲，在灰塵中打滾的情景，但是他們無法說出這些場景精確的地點，來龍去脈及如何進行。一個意義闕如的時刻像閃光燈般駐留在他們記憶中。沒有對話的故事刻劃在他們的回憶中，因為這些故事召喚一些情感，然而對於一個同樣參與的大人而言，卻是無意義的。如果我們無法標出影像的位置，甚至轉化成敘述，影像是沒有意思的。

喉結的影像深深烙印在一個六歲就被判死刑的孩子的記憶中，換作是一個大人反而不會記住。而夜間的墨鏡，一個有邏輯的大人很難相信。然而，五十年後，根據一些當年執行逮捕的人的證詞，有一些法國偵查員確實會戴墨鏡掩飾自己的面貌。

事件當下所感受的情緒解釋了：有些事件會轉化成回憶，也有一些事件卻是船過水無痕，沒有留下任何蹤跡。不論是兒童的小故事，還是集體的大歷史[1]都可以提供理解。

甘迺迪總統遇刺那天，我和太太的家人在一起。我想我還記得廣播傳出的消息，內容我不是很確定，然而，房間裡家具的影像，床上潔淨的三角巾，我依然歷歷在目，就連我走過花園，和主人家聊天當時的天氣依然精確記得，甚至可以道出細節。倒是我已無法說出這一幕究竟發生在巴黎或是蒙貝里耶（Montpellier）。

---

1 歐里亞（Auriat N.），〈人類記憶的衰退〉（Les défaillances de la mémoire humaine），《人口研究中心扎記》（*Cahier INED*, PUF, n° 136, 1996）。

對於一個孩子而言，刺殺總統是沒有意義的。再現的空間太逼近了，一個遠方發生的事件無法撼動他。相反的，他在乎的是大人反應的情緒，這些情緒才牽引著他的感覺。他所在乎的這些大人表現出的情緒，才真的是他的影像的座標。這道情感把事件以記憶的形式固定下來，使記憶變得連貫一致，但是先決條件是：孩子必須有人聽他講故事。

■倫敦大轟炸時，孩子們並未覺得安全受到威脅，由於他們的母親處變不驚；同樣地，修曼．邦伯挾持的幼童人質反而都覺得像是玩遊戲，由於老師運用的策略

二戰期間，倫敦大轟炸，安娜．佛洛伊德注意到防空洞裡的嬰兒卻是一如往常平靜不哭鬧。在他們周邊，炸彈呼嘯而過的聲音，地面轟隆聲，防空洞裡牆壁的震動聲都沒能震撼到他們。理由很簡單，她說，對這些嬰兒而言，世界並沒有改變。他們依然在母親的懷抱中受到保護。如果母親從容寧靜，嬰兒在她的雙臂中自然感覺到安全。但是如果母親發抖或緊張，寶寶的世界就會受到顛擾。日後，當孩子的世界進入語言階段，他依然受他人情緒影響。然而，必須是透過敘述，影像才能夠凝定，影像的意義也才會出現。

修曼·邦伯（Human Bomb）曾幹下轟動一時的納伊幼兒園人質挾持事件，當時讓小孩驚嚇害怕的反而不是那個威脅生命的亡命之徒，而是把孩子們拯救出來的這一群警察。從大人的角度來看，危險當然來自那個身上攜帶手榴彈，隨時準備與孩子們同歸於盡的狂徒。然而，在小孩的世界裡，這個男人並不可怕。他無預期的現身讓周遭出現與平常不同的騷動，和遊戲的感覺，反而變成一種令人玩味的事件。除此之外，還有女老師的機智，她把那個歹徒形容成像遊戲中的演員，這種防衛機制就像貝里尼在《美麗人生》中展現出的做法。相反地，當警察衝鋒陷陣，攻進幼兒園，迅速抓走一些孩子逃出來，孩子們反而覺得「安全感」被這些蒙面人剝奪了，這些蒙面人手中抱著許多小小身軀狂奔。孩子們就這樣在其他大人間亂竄，這些大人還對他們狂吼，要他們往哪一個避難處逃。這一切才真的是恐怖！[2]恐怕會在他們的記憶中留下清晰的影像。或許是拔腿狂奔時的喧囂？或許是夾克掉出來的金牌？還是一張鬍子沒有刮乾淨的臉？一個細節就可以象徵恐怖。除非能夠讓情感重新復甦，透過繪畫、戲劇、敘述、反思或者任何能夠改造情動力的物件。如果我們讓小孩孤立無援，恐怖的

2 貝里（Bailly L.），《災難和孩童心理創傷後遺症》（*Les Catastrophes et leurs conséquences psycho-traumatiques chez l'enfant*, Paris, ESF, 1996, p.59）。

記憶每晚都會再出現，以簡化的影像顯現。回憶會加油添醋，單純的物件卻擁有召喚恐慌的力量：長廊中的腳步聲、掉落的金牌、長滿鬍渣的臉頰，這些都直接聯想到恐慌。但是如果孩子能夠把他的繪畫、戲劇、想法或構思與另外一個人分享，他會莞爾一笑，他會評論或哭泣，那這個小孩就可以成為自己情緒的主人，因為他正透過小型藝術創作，使影像、文字或肢體顯形，對他人產生作用。換言之，觀眾的存在提供了小孩重新復甦的可能。

■五歲的米歇爾對大逮捕的感受像是節慶，因為被送去德朗西集中營之前，他因情感孤立而受苦。但是和母親相依為命的荷娜特，如今每天夜裡依然會看見母親在戰後遭槍決的屍體

大戰期間，年僅五歲的米歇爾被關在德朗西集中營長達三個星期。後來，在一次轉換途中，他成功脫逃。他在遭到逮捕之前，有半年的時間待在一間舒適的房間，巴黎的一個寄宿家庭將他藏匿起來。整整半年的時間，他經歷了社會、感官全面性的孤立：沒有廣播，沒有讀物，沒有朋友，也沒有家人。每天只能趁著一些不怕死的人帶食物來時跟他交談。數週的全然孤立，孩子甚至已經不再想要答話。第一個月的與世隔絕下來，他唯一的活動就是繞著

桌子四周走路。由於不斷重複這個動作，他最後把這個動作變成一整套的姿勢：大步行走，以雙手做平衡。有時候，他會停下來，原地平衡，或者向後轉。當這些內在刺激讓他昏頭轉向時，他就坐臥地上，舔著膝蓋。

被逮捕時，他一句話也沒說。

對他而言，關入集中營反倒像是復活。他重新找回生命，找回人聲鼎沸，找回人的臉孔，找回三餐的節奏，還有長期孤立期間遺忘的人與人的相遇。每一次有新的囚犯到來都變成令人企盼的事情。能夠遇見其他同齡的孩子更是快樂無比，因為他們會笑，會說話，也會跟他一起玩遊戲。

五十年過後，再次回顧往事，把回憶加以比對倒是帶來驚人的結果。當初那些冒險救孩子的巴黎人，完全沒有意識到孩子遭受的痛苦。只有當別人追問這些大人們一些精確的問題時，他們才回想起小孩一些機械式的行為和他的緘默不語。對大人而言，構成事件的是社會周遭：那一天，隔壁的女士拿牛奶桶來時，聽見腳步聲，想知道客廳裡發生了什麼事情；那一天，監察員來家中搜查，卻獨漏了這一間；那一天，孩子不聽勸告逃家出走，差點危害了這一家人的生活。

米歇爾聽著他人的敘述時，找回了一些畫面。他沒有什麼關於社會的回憶，毫無關於鄰居、監察員或逃家出走的回憶。倒是有一些關於物的回憶，一條桌巾，一座擺鐘，還有他以前會舔膝蓋的畫面。他很驚訝得知他居然在這間房間待了半年，因為時間的段落只存在大人的心理之中，大人比較受制於社會座標。

直到經歷過情感的碰撞之後，米歇爾才有勇氣對我們說，德朗西集中營的生活反而像是解脫，重返生命行列，也像是一種重生。寄養家庭固然救了他的性命，可是他卻飽受感官孤立之苦，彷彿令他受苦的反而不是判他死刑的集中營。

一九四五年，荷娜特就沒有這麼幸運。她親眼看見父親遭到一群戴著臂章的武裝年輕人逮捕，當時她只有五歲。她有點害怕，但是並沒有因此而痛苦萬分，因為她並沒有真的對父親有足夠的依賴，畢竟父親在她生命中只有零星短暫的出現。相反的，當她的母親遭到法院在村落的廣場當眾審判時，她理解到一件可怕的事情正在醞釀中。因此，她飛快地衝到行刑的現場。她推開大人們的腿，從人群中鑽到最前面，看見母親的屍體躺在地上。兩個影像從此烙印在她的人生中：她母親是腹部中槍，而非胸部中槍。一個男性的聲音對小女孩說：「剛剛她還叫著妳的名字哪！」當母親的靈柩緩緩地降到地底下時，荷娜特拾起支撐棺木的一小塊繩索。五十年過後，這些記憶對她依舊鮮明如許。每當她閒下來，或是當她的戒備放鬆時，長裙上有彈孔射穿的畫面立刻浮現在她的內心世界：「為什麼是那裡？」同樣的，在她的記憶裡，那個男人的聲音：「剛剛她還叫著妳的名字哪！」這句話似乎暗指著：「妳居然沒有來跟她道別。」然後，荷娜特只能以那一段繩索自我安慰，至少這段繩索曾經陪在母親身邊，不會批判她。她把這一小截繩索放在盒子裡，置於壁爐上，經常凝視這個物件。因為她永遠不能道出這件事情。一個五歲的小孩如何能理解，父親是擔任多里歐（Jaques Doriot）[3]隨身保鏢的一員呢？一個懵懵懂懂的小女孩，她又如何能理解，嫁給一個這樣的男人，嫁給一個通德份子，最後居然會遭到槍擊？她只知道母親很漂亮，也洋溢著歡樂。為什麼要朝她腹部開槍呢？

荷娜特從小寄養在一間宗教機構，教規甚嚴，幾乎沒有人要跟她說話。大家都心知肚明。如今，她是尼斯社會局的助理，她從未離開過這個城市。男人說過的那句話，還有母親腹部中彈的畫面，這些刻骨銘心的記憶慢慢變得模糊消退，尤其是她結婚之後為人母親的這些年裡。隨著孩子長大一一離去，荷娜特發現當年的這些影像並沒有消退，而是沉潛在腦海深處，每天晚上再度湧現，清晰如昨。

3 譯註：法國政治人物，二戰期間通敵陣營的領導人物。

或許荷娜特應該把心事講出來，把內心世界畫出來，做成一本書，或一件藝術品，抑或是成立一個組織，專門為父母在戰後遭槍殺的兒童爭取福利，這樣一來，她或許就不會這麼痛苦地活著？然而，問題恐怕是文化並不接受這些做法，文化只允許鞏固神話的見證。

我們給予記憶什麼樣的情感，往往來自兒童發展的階段與外在準則的相互碰撞。不同年齡，對於同樣的訊息都有不同的感受：一個襁褓中的嬰兒不會知道什麼是總統。一個小孩不會理解父母親遭槍擊背後的政治因素是什麼。讓我們痛苦的並非一個客觀的處境：飢餓、寒冷或是遭受外力打擊當然都是一回事，畢竟我們因此必須立刻進食、取暖或自我抵禦。我們的心靈世界是由我們的再現所構造，不同的準則座標形塑著我們的內在世界。這就是為什麼父母爭吵的家庭事件，夫妻的儀式或搬家的儀式會引發情感，在記憶中標出時間。之後，隨著長大，座標事件都是與社會有關的：學校、老師、打架、考試，或後來的換工作，以及政治事件，這些事件都構成我們的環境，影響著我們的內在世界。

這就是為什麼，儘管日期的標示來自外在，我們對於事件賦予的意義只有一個私人的用途。但是當我們把事件轉化成敘述，我們的回憶就不再無意義：（譯按：作者引用蕭沆〔Cioran〕的告白）「那時我二十歲，有一天，下午兩點左右，我完全記得，當時在媽媽面前，我跳上沙發並說：『我受不了了。』我母親回我說：『早知道的話，我乾脆不要把你生下來。』這話讓我留下特殊的印象，但是不完全是負面的。我不但沒有反抗，我記得我笑了，這個事件讓我意識到自己只是一個偶然、非必要的結晶，某種程度來說反倒像是一場解脫」[4]，蕭沆說。

如果我們只是邏輯性的動物，我們可能經常花時間在痛苦。可是因為我們也是精神性動物，對於每個事件，我們都會賦予一種個人的意義，這個意義的產生也是受到周遭環境、個人發展史的影響與滲透。這便解釋了有些人可以因為一句話而受創，有些人則獲得解放。

在小米歇爾的感受中，德朗西集中營反而像是一場節慶，那是因為在他個人的故事裡曾經經歷了一段感官孤立期，傷害了他的腦部情感和記憶區域。集中營對他來說反而變成一個可以取暖的美妙地方。他極度渴望與人接觸，任何一點他人驚訝的表情對他而言都是生命的重返，然而對其他人而言，集中營代表的當然是死刑。

4 蕭沆（Cioran E. M.），《文學雜誌》（*Le Magazine littéraire*, n° 327, décembre 1994, p.19）。

■當現實是可怕的，夢境帶來令人瘋狂的希望。在奧斯威辛集中營或太平洋戰爭，超人即詩人

這個例子解釋了同一種暴行產生許多不同的反應。在集中營裡，同一時期，有三個孩子和他們的母親一同遭到逮捕。有一天早上，這位母親失蹤了，和她的孩子們分離，很可能被送去奧斯威辛。當十歲的亞伯特理解到他們不會再見到她時，他當下反應想著：「好吧，該我自己想辦法了。」他替他弟弟和小妹找到一個安身之處。接著，他去尋找食物。年紀較大的愛德華完全陷入絕望。他整個人像是關在自己的內心世界，想著母親，想著接下來的空虛，巨大的匱乏，母親的突然失蹤在他生命中留下的空缺。最小的蘿絲，她很驚訝心裡對失蹤的母親懷抱著怨恨，總是不能克制地認為：「媽媽！我恨妳拋棄了我們。」

戰後，亞伯特被安排住進一個沒有溫暖的寄養家庭。他每天工作很多，早上四點就必須起床，趕在上學前把家事做完。這一家人沒有溫暖就算了，還「性」致勃勃！「寄養」家庭的媽媽兩三次伸出狼爪，雖然也沒有很堅持。「寄養」家庭的爸爸也對男孩性侵，還要求男孩要粗暴地反抗。事後大家都絕口不提。在這些多少得逞的性侵之後，亞伯特有一種奇異的感受。他對於自己還能保持平靜感到非常驚訝，因為這些性侵行為讓他這麼想：「還好，我

跟這些人沒什麼瓜葛了。他們提供我吃住。我幫忙他們做家事。我們互不相欠。長大之後，我就要馬上離開這裡。」寄養家庭夫婦的侵犯行為反而讓亞伯特覺得互不相欠，毫無瓜葛，心中也就不必有什麼負擔，這也有點類似蕭沆的告白：「早知道，我就不要把你生下來」，這句話反而解放了蕭沆。

這種出乎意料的反應比我們想像的還要普遍，通常要從社會和時間的背景來理解。小米歐爾由於之前封鎖孤立的經驗，反而覺得德朗西集中營的時期像一場能與人相遇的節慶，同樣的，亞伯特把遭性侵的這段過往想成是一種償還，如此一來他反而能解放自身，因為，如果不是這些性侵，他可能還會覺得對這家庭有所虧欠，甚至還因此加倍工作，做到失去自我。

這種脈絡式的推理有助於理解創傷何以因人而異，因情況而有所不同。我們能夠建立某種創傷等級表，這種等級表當然存在，但是都太過於籠統概括。當我們針對一部分人口評估人生中的壓力指數時，我們可以得出一張等級表[5]，喪偶的痛苦指數相當於等級一百的壓

5 出自哈姆斯和瑞荷的生活事件壓力量表，引自克里斯多夫・安德烈等（André C., Lelord F., Légeron P.），《壓力》（*Le Stress*, Toulouse, Privat , 1998, p.22）。

力。離婚，即使是兩廂情願的，承受的壓力指數相當於入獄監禁，或是……結婚。退休同樣是榜上有名，它的壓力指數僅高於負債或失業。在表格最下方，可以發現假期、聖誕節日和違規事件都是歸類在十點。然而，等級表並沒有說，最嚴重的壓力就是沒有壓力，死前就已經失去生命力會引發絕望的心情，就像空虛前的空虛。

為了理解心理韌性，這種面臨生存打擊時的內在反彈力，我們也必須考量那些不同意這份計算表的人。有時，光是克服了某種難關就足以帶來驚人的情感力量：「當我了解母親即將死去，我的焦慮全都煙消雲散了」，這是一個年輕男子跟我說的。他一輩子都活在母親的陰影之下，母親雖然光鮮亮麗，卻給他一種無形的壓力。有時，恐怖反而突顯了溫柔。有些青少年因為受到過多的保護而變得麻木不仁，發現了一種特殊的情色抒發。「你或許會覺得一九六八年來我經歷了世界上最恐怖的事件，不過你要相信，我雖然失去對這個世界的幻想，但是我卻贏得了更多的溫柔。」這段話是從越南歸來的攝影師米歇爾．羅倫（Michel Laurent）寫給他太太的信。6

當現實變得猙獰駭人，夢幻則予人無窮盡的希望，使人可以承受現實：

從集中營歸來重返生命行列

只要有自由，生命即是美好
只要活著便是一切
再單純不過（…）
（…）曾經遭受過苦難
曾經經歷過死亡（…）
你們在抱怨什麼
生命就是生命
在你們的彼方做了什麼夢呢？[7]（夏洛蒂．黛勒波）

對於那些飽食終日的人來說，詩是無用的東西，然而當現實變得不堪時，詩卻是一種對抗生活的利器。

---

6 羅倫（Laurent M.），《思念你》（*Je pense à vous*, Paris, Seuil, 1995）。

7 黛勒波（Delbo C.），《今日的準則》（*Mesure de nos jours*, Éditions de Minuit, 1971, p.80-83）。

西尼・史都華（Sidney Stewart）在太平洋戰爭時是年輕的戰鬥員，後來他遭到日軍俘虜，經歷了「菲律賓叢林最殘酷的煉獄」[8]，令他驚訝的是，最先被擊垮的居然是美國最健壯、肌肉發達的足球員。看來超人只能在一個舒適安逸的環境裡活下來。受訓的時候，必須要睡好，吃好，服用維他命，什麼都別想，就只想著這些事情就可以了。在一個前所未見的嚴峻險惡的環境中，下雨、酷熱、野獸和同類相殘，這一切都構成一場殘酷的競爭，這時只有懂得躲入內心世界的人最能堅持下去。此時，詩人才是超人。詩人穩定地蟄居在一個非關物質的世界，與藝術家、哲學家、神祕學家，以及所有居住在超驗中的人心靈交會。他們對於倖存下來感到驚訝、驚喜，急切地想要追問「為什麼」。正因如此，他們得以逃離環境的殘酷，他們甚至也感受到內在世界召喚的崇高的感覺，即便周遭的真實極為惡劣。

範疇是必要的：分類、界定、區隔都有助於想法的進展，讓我們能夠描畫物件的品質。世界似乎必須透過這種方式才能清楚呈現。然而，範疇也有可能是有偏頗的。純粹的物件只能存在意念之中。是我們把物件加以範疇化的。而在真實之中，一切都是雜混的：大絕望的時刻，當死亡迫在眉梢，瑞斯，這位來自美國沃通加的年輕人，驚訝的發現禱告的美妙，覺得生命是一場華麗的盛宴：「當我看見這些人死去的時候，我對我自己說：『活著本身就是一場盛宴！』」[9]

對立的情感彼此相當鄰近，通常在極限情境中會展現出來。通常是快要失去了，我們才發現對這個物品的依戀，而物品也因為這個發現，讓我們與一個人連結在一起，或許一小時之前，我們都還覺得可有可無。死裡逃生的人都會有一種生命獲得緩刑的感覺。倖存下來的感覺就像生命是賺到的，這反而讓人產生一種無比的詼諧與雀躍。當我們與死神擦身而過，平凡消失了。賭徒正是想要體驗這種感覺，所以才要再試身手，即便可能會全盤皆輸。萬一他贏了，他們便可佔有一大筆意外之財。不過，萬一他很「幸運地」輸了，任何微小事件都像是一種美妙的滋味。

最後一點，創傷等級表只提供一種粗略的感覺。我們自然可以同意，喪偶的痛苦居然只高出收到罰單一些，話雖如此，這也不代表什麼，如果和那些有驚人反彈能力的創傷者相比。

不同於提出問題，得出一個可評估的結果，心理韌性試圖研究人如何遭受打擊並忍受打

---

8 史都華（Stewart S.），《我們依舊是人》（*Nous sommes restés des hommes*, Paris, Inter-Presse, 1950）；以及多加勒（Joyce Mac Dougall）個人通訊，土魯斯，一九九八年十月十日。

9 出處同上。

擊，一場打擊又如何引發不同的後果，甚至引起反彈。當我們說，性功能喪失的壓力指數是四十（最高是一百），這樣的說法只是一種普遍統計出的真實，並非個人真實。我認識一個男子，他遭遇一次挫敗之後，產生極大的焦慮感，甚至影響他一輩子。但是我也認識一位年輕女子，非常熱愛生活，在一次痛苦的失敗經驗後，她反而如釋重負。對男孩來說，失敗代表的意義是：「我將無法組織家庭，我一直都很想要有自己的家庭」，然而同樣的失敗對女子卻有不同的意義：「我的確很喜歡這個男子。如果我們真的在一起了，我可能會愛他，愛到以他的生活為重心，愛到失去自己的個性。所以失敗反而釋放了我，也因此，我只能跟一些不是我最喜歡的男人在一起。」壓力指數統計表上，一個男子的壓力指數是六十，和女性壓力指數大約二十，我們可以得出一個平均數字四十，然而每個人感受的情緒卻是相反的。

我們可以說，心理韌性是一種歷時和共時的過程：發展性的基因力量和社會環境緊密相連，這樣才能創造一個自我的再現，使主體得以在歷史中定位。

我們也可將心理韌性單純比喻作編織的工作，將發展性的毛線與情感和社會毛線編織交纏在一起。也因此，理想的做法是描繪一段心理韌性人格的路線，詢問心理韌性是如何在災難創傷中悄悄溜進來，與其他堅固的援助編織在一起。

心理韌性並非一種實體，而是一種網絡結構。我們都必須和周遭情感與社會環境編織關係，活在這些脈絡之中。走出創傷，當我們擁抱眼前的幸福，回首來時路時，我們總算能說：「這簡直是一段故事！我居然經歷了這些事情。這條路走來實屬不易！」

漫遊並非漂流。即便我們清楚自己是哪裡來的，基因血統仍然可以杜撰。當我們對於自己的過去一無所知，我們依然可隨心所欲的想像

然而，「漫遊並非漂流」[10]。我們並不一定會受命運擺佈而顛簸不已。當我們有一個航向，我們就只是暫時被打亂。不管我們的源頭為何，膚色如何，有沒有自己的家庭，都只是漫遊而已，命運像是一枚安全別針。往上回溯，童年時，我們模仿自己的長輩，不論我們認識他們，還是用想像的方式。青春期是安全別針扣上的時期，我們必須了解亂倫的禁忌，參與人類文化。我們必須離開我們深愛的人，追求其他喜歡的人，以不同的方式去愛。別針的樞紐點又把我們引導到家庭生活，我們用自己的夢想建立一個家庭。

10 西呂尼克（Cyrulnik B.），《無依靠的孩子》（*Les enfants sans lien*），引述自亞音（Aïn J.），《流浪》（*Errances*, Paris, ÉRÈS, 1996, p.30-46）。

家族系譜構成我們的身分認同基底最堅固的部分。亂倫禁忌則是別針的扣環處。深深扎進文化的尖刺部分或許就代表著家庭連結。亂倫禁忌的樞紐則要求我們離開原有的秩序，嘗試建立新的秩序，新的連結。

因此，文化既躲避僵化的秩序，也要提防具有摧毀力的失序。

飽受記憶折磨的人卻能愉悅地沉浸在往日的磨難之中：「先生，我的家族都是為法國拋頭顱灑熱血」，這個皮膚粉紅、個頭小、身材臃腫的先生對我說，他得意洋洋地想像了這一段悲劇性的過往，對他而言，這段悲劇史詩般的過往造就了他的身分，成就了他是誰！

另外一個人自我介紹時跟我說：「我有一個祖先，他曾經起義反抗教宗儒略二世。」我看著他，一邊在想，基因研究可能會讓他大失所望，其實十六世紀以來，婚姻狀態一直在改變。繁衍的因素依然神祕無法解釋，像他這樣的一個祖先其實只是一種想像的生物學。

然而，雖不見得是真實，這些想像依然產生效果，並且形塑自我的情感。不論祖先是路易十四的官兵，還是對抗過儒略二世的軍人，這種超越個體的身分認同，可以在後代子孫的內心世界中產生一種與有榮焉的感覺，引發情感宣洩的作用，世世代代流傳下來。想像的基因可以讓相信的人感到自在喜悅，組織一個行為密碼和情感表達，能夠符合這個影像：曾經對抗過儒略二世的那個人，他的後代子孫也會以英勇的行為自許。他會陳述己見，表現出一種優越感。更何況想像的基因往往也透過家庭敘述，社會論述來茁壯自身，每一個世代又會加油添醋，傳承兩三道神話，把源頭變得不可一世。

想像基因也可以構成一段敘述，最後變成社會束縛：「在我家族裡，從父親到兒子都是從商做生意，從不浪費時間在讀書上面。」也會聽到：「我家族的人通常三十多歲就自殺。」而這簡單的神祕預言製造一種對未來焦慮的感覺。

■ 孤兒記憶裡的父母永遠年輕。他們必須獨立，追求自由，總能找到一些微不足道的寶藏，讓荒蕪的現實世界變得迷人

沒有族譜的小孩，無父無母的小孩，相形之下，就沒有那麼容易獲得這種認同所帶來的益處。

然而，他們卻因此有更多的想像空間，想像他們的過去，想像他們的未來：「如果我有一個父親，他可能會給我更多的束縛，長期伴（絆）著我：必須把他的榮耀變成我的生存原則，用學問彌補他的無知，把他的仇恨變成我引以為榮的對象，把他的執著變成我的法則，總之，他會無所不在縈繞著我……生育我的人也有可能會支配我的未來……土地和房屋都標

示出繼承者恆定不變的形象……而我不是誰的主人，也沒有什麼東西屬於我。」[11]

尚－保羅．沙特（Jean-Paul Sartre）不是「父親作品的傳承者」，這個事實讓他獲得自由，但卻失去了心靈。以海軍的字眼來說，心靈就是紅線，在英國海軍中，紅線是用來確認纜繩持續的絞合。這種情況下，沒有心靈意味著被迫獨立，成為自由的苦役犯。

只有死去的人永遠不會死去。當一個小孩終於能夠想像死亡為何物，他了解到父母親的命運正把他們帶往終點。他學會疼惜年華老去、體力耗弱的父母親。他學會寬容親友的犯錯，容忍他們有時會顧此失彼。孤兒的情況就不是如此，父母親的形象在他的記憶中永遠是年輕的。一道線索、一枚寫真，或是一段他人的敘述：「我認識你父親，他個頭高，總是歡樂洋溢」，這一切就足以在他的內心世界中幻劃出父親積極、雀躍的影像，母親漂亮、令人眷戀的形象。於是這裡產生一個矛盾的效果：有家的孩子浸潤在不完美的父母親的情感之中，而「孤兒」則必須在幾個範疇間做出選擇，沒有雙親使他們擁有自由，但也必須尋找情感替代物，能夠替代父母，保護自己。他的存在擺盪在兩個範疇：一邊是流浪在陰鬱、惶恐的自由之中，一邊則是尋找支撐點，鞏固自身也囚禁自身。

傑哈汀妮失去雙親時，周遭沒有任何援助與扶持可以協助她進行哀悼的儀式。[12]沒有父母也沒有任何援助，她只能放棄任何愛情的形式。相對地，由於全然的自由，也不受任何連結的束縛，她反而可以按照自己的意思來做決定。照顧過流浪小孩或孤兒的人，都會發現，這些必須像大人一樣生活自理的小孩有一種成熟的感覺。但這只是一種感覺：有家的小孩等待人家給他一個架構、背景，接著，他會對抗那些試圖支配掌控他的人。透過認同家族的人，他進入到文化之中，躋身到系譜之中。而無家的小孩則必須將自己一分為二，以適應外在世界的威脅。他的人格社會化的部分撞上了荒蕪的真實。什麼都沒有。沒有家。孑然一身的流浪兒可以睡在任何地方：地鐵的柵欄，人家的大門口或與同伴們挨在一起取暖。無家可歸的孩子經常要轉換機構，有時睡在不認識的接待家庭裡的床鋪上，有時睡在穀倉中的茅草堆裡，就像戰後那幾年救濟院裡的孩子那樣。然而，他內心深處的那間暗室並非只充斥著痛苦。因為每個夜裡，他在想像的世界裡與父母親會合，彷彿他們不曾死去。

在真實世界裡，這些孤兒老得很快，但是在他的內心深處，父母親的形象永遠年輕，面容姣好，青春洋溢，熱情奔放。每天晚上，父母親會給他帶來幸福的祕訣。現實的生活中，

11 沙特（Sartre, J.-P.），《詞語》（*Les Mots*, Paris, Gallimard, 1964）。

12 鮑比（Bowlby J.），《依附與喪失》（*Attachement et perte*, t. III, *La Perte. Tristesse et dépression*, Paris, PUF, 1996, p.448）。

流浪漂泊是孤絕的事情，孩童依然會看見一些詩意的指引，只有他自己能了解。培瑞克就曾經如是寫道：「對於我父親的記憶，我只有這把鑰匙或這一枚錢幣，這是有一天工作回來時他送給我的。」一[13]您有家庭，您看到的是一把普通的鑰匙。但是對於失去了父母的我而言，我知道鑰匙的神奇魔力，雖然我也無法明確說明是什麼。而且，鑰匙或錢幣，我已經記得不是很清楚。可是這東西是來自我父親，於是物品變得珍貴，可以帶來力量，給予希望。

所有無家可歸的孩子身邊都有這一類微不足道的寶物。在一些陰森晦暗的機構裡，他們把寶物藏在床墊下，靠近頭的地方，讓東西可以更貼身一點。然而千萬不要以為這只是一段繩索或一小截撕裂的報紙：這是護身符：「這一段繩索代表愛與力量，因為這繩子觸碰過我那腹部遭槍擊的母親的棺木……這張泛黃髒污的一小片報紙很珍貴，因為我想上面提到我父親的死，他是勇敢的士兵，在一場戰役中為國捐軀。雖然我讀不懂，但是它訴說著一股神奇魔力，大人看不到，這張褪色的黃紙片講述著父親的功績。」

從大人的眼中看來，這個過早成熟的孩子飄零在一個荒涼的世界中，沒有家，沒有床，沒有糧食，沒有學校。但是由於過度著眼於現實，大人忽略了一段繩索或一截泛黃的報紙蘊含的神奇魔力。於是，大人基於衛生或遵守規定為由，隨手就把這個寶物丟掉，嚴重衝擊了兒童心底的暗室，創傷兒童漂流在外，正是蟄居在這個繽紛的地底世界，這裡可以讓他們與父母親會合。因此，毀掉這些小小寶物，搗碎這座想像的地窖，最後害得這些小孩逃學出走，加劇了飄零的處境。

如果我們真正想要援助這些受傷的孩子，必須讓他們積極面對人生，而不是強迫灌輸教育。不是一味地施捨就可以對他們有更多幫助，而是應該要求而不強迫他們，才能淬鍊他們。

移民他國如同進入一座孤兒收留所。當接待地的文化支持創傷者，與原生地的脫離造成的創傷會結痂。對兒童而言，學校和工作成為能療癒父母的幸福場所

移民異國的經驗讓我們了解，嚴格要求才會是一種保護的因素。幾乎所有的調查都證實了移民者都會變得焦慮：他們都是失根的人。他們被迫在不理解的語言氛圍下生活。每一次與人交會都可以惶恐不安，因為他不懂他人的文字，也不懂任何肢體動作的意義，從而失

---

13 培瑞克（Perec G.），《W或童年回憶》（*W ou le souvenir d'enfancé*, Paris, Denoël, 1975, p.41）。

去自我定位的可能。尤有甚者，他跟親朋好友分離，幾乎所有的連結都切斷了。然而，移民者愈是孤單，就愈顯得不安，醫療消費和非法行為[14]數據中的數值攀升更加證明了這一點。一個小孩在社會暴力之下，會把自己一分為二，才能承受這些壓力，而一個移民者的個人身分會破碎分裂，尤其當社會的主體變得不連貫，任何的連結都消解，事件也失去意義，變得空洞。

前幾個月是蜜月期，這或許解釋了小米歇爾的狀況，他被拘禁在德朗西集中營時，他興高采烈，因為在此之前他飽受社會孤立所苦。這些人之所以離開祖國，是因為在自己的國家無法獲得幸福，而接待國給予他們無盡的憧憬。

任何與人的交會，任何的事件，即便是他們無法理解的，都證明了他們正在體驗這場夢，這場落實在真實中的夢。然而，蜜月期過後，繼之而來的是掉入地獄，痛苦地與現實遭逢。這時候開始出現初期的焦慮症候群，以及失落感。有三個因素影響移民者的適應問題：接待、意義與性別。一個移民者來到一個陌生的文化環境，帶著自己祖國的文化，他並不會感到慌張失落，因為他依然保有過去記憶的基準點，他也能夠藉此尋找新環境裡的參照點。

越南船民抵達南法的時候，受到同樣來自越南的家庭接待，他們講同樣的語言，也保有相同的風俗習慣。接下來，接待的組織架構開始運作，提供財務支援，協助住宿，安排語言學習，協助尋找工作。數年後，他們的孩子上學去了，學習釣鮑魚，並且說一口馬賽腔的法語。當初的這一群人當中，另一部分的人在越南遭到嚴重侵害，後來抵達了英國，那裏沒有任何接待的機構迎接他們。數據顯示這一群人後來都有大量的醫藥消費和犯罪行為產生。還有另一群少數難民兒童被安置在寄養家庭，他們有相當程度的百分比產生了嚴重的心理疾病[15]，然而，一旦有人收養之後心理疾病就消失了。

有兩種極端的社會策略對這些移民而言是有害處的：孤立和同化：「溫尼伯（Winnipeg）位於加拿大草原的中央，地理位置相對孤立，城裡的伊索比亞難民大約只有兩百位。」[16]這群難民飽受孤立之苦，這種團體孤立又相當於個人感官上的孤立：無法走出自我，無法仰賴環境。美國的大溪地難民依然孤立，遭到排擠，哈希迪猶太社區只能自立自強，這些都顯示出與其他文化世界斷絕所造成的困境。這群人往往逼不得已才結婚，他們不

14 杜辛尼翁（Toussignant M.），《心理問題的社會與文化源頭》（*Les Origines sociales et culturelles des troubles psychologiques*, Paris, PUF, 1992, p.225）。

15 班波哈（Ben Porath Y. S.），《難民的心理社會適應案例》（*Issues in the Psycho-Social Adjustment of Refugees*, Minnesota, National Institute of Mental Health, 1987）。

16 杜辛尼翁（Toussignant M.），出處同上，p.228。

擅與社會往來，且經常有精神混亂的疾病。

同化似乎也是有害的，移民者彷彿簽下了賣身契：請變成和我們一樣！摒棄你們的記憶，只有這樣，我們才會接受你們！然而，失憶症患者無法理解眼前所見，這樣的契約，要求移民者拋棄過往的身分，也逼迫他們屈服於現在的環境。他們變成了影子，變成了社會次等公民，他們自身的歷史遭到撤除，引發了類似集體壓抑的現象。有時在一些像是已經同化的社會群體中，我們發現他們反而有一些行為型暴力，劇烈且驚人。因為我們很容易忘記，壓抑雖然可怕，但是壓抑的回返更駭人。[17]一個團體看似已經同化了，因為他們對某些現實視而不見，竭力不觸碰某些問題，透過語言與社會的碰撞，進一步轉化問題。同化的代價就是這樣。接待國勢必要付出昂貴的代價來接收這一群身分遭抽空的族群，直到有一天，一件微不足道的小事阻塞了氣閥，問題一下子突然爆發，所有人都始料未及。

雙語主義不見得是最簡單的解決之道，因為這意味著必須要學習兩種心理世界。然而，這已經是最人性的考量，效果也最豐碩[18]的方法了。一旦能夠被關心，周遭有互動，文化適應所帶來的壓力自然就能緩和。這樣的安全措施可作為一種研究與學習接待國文化的大本營。美國南部會講雙語的墨西哥人，比完全不會說英文的人，醫療問題少了三倍。加拿大的韓國人之中，活得最邊緣化，活得最焦慮的都是一些只會單一語言的人。當父母只會說自己的母語，而孩子只學習接待國的語言，這樣的語言斷層通常會導致家庭的分裂，加深代溝，這是很不公平的，因為幾乎所有的父母親總是不想把母語教給下一代，只為了讓他們盡快與移民國同化。

最後，性別在流亡的創傷中似乎也扮演重要角色。女性移民的情況較少，但是一旦她們獨處時，倍感痛苦。男性可以參與職場，可以發言，比起待在家中、足不出戶的女性較能融入社會。她們經常聚在一起，以解思鄉之情。然而，如果男性在外地工作不需要他們發言或發言機會較少，這些女性反而較能融入社會，擔負起照顧家庭生活之責。

然而，這種離鄉背井、文化的支離破碎，雖說沉痛，卻也並非全然無益處的。對於移民的兒童來說，學校變成一個爭取認同與建立團體的場域。兒童在學校獲得成功，可以修補父母親流離失所之苦，相較於在地學生，由於他們從未經歷這樣的問題，學校變成無聊厭倦的

17 佛洛伊德（Freud S.），《精神官能症的防衛》（*Les psychonévroses de défense*, in *Névrose, psychose et perversion*, 1894, Paris, PUF, 1974, p.1-14）。

18 貝里（Berry J. M.）、金（Kim V.）、門德（Minde T.）、莫克（Mok D.），〈文化適應壓力之比較研究〉（Comparative Studies of acculturative stress），《國際移民評論》（*International Migration Review*, n°21, 1987, p.491-511）。

地方。亞美尼亞的兒童必須努力把法文學好，以聊慰父母親。從中歐出走的猶太家庭，能夠讓他們感到驕傲的一句話或許是：「我兒子是老闆的得力助手。」兒子的功成名就回過頭來給予父母親優越感。因此種種緣故，經常可見外來移民迅速地達到與在地人同等，甚至更理想的心理健康指數。最新一代移民受到支持的情況下，他們通常可以克服考驗，他們的孩子取得較第一批移民更佳的學業成就。犯罪情況依群體而不同，基本上取決於融入社會的情況而定。19

■倖存者是一位英雄，他有罪是因為殺死了死亡

必須要從孩子的周遭來尋找心理韌性大部分的因素。當然，如果他的遺傳含有疾病基因，兒童有可能變得更脆弱。然而，在發展的初期，第二部分的抵抗能力又由周遭情感環境所給予。事實上，一個個體的心理韌性大多的因素都是由心理社會組織所編織而成的，心理社會組織提供了一個契機，讓他的自我得以獲得綻放。即便他的心理生活，或他的內在世界，都是這個三方壓力的結果。這個推論的方式可以由倖存這件事情來闡釋，一個與死神擦身而過的小孩，戰勝了死亡。

通常，一個小孩不應該是一個歷劫餘生的人，他應該是一個活潑的小孩，綻放自身，學習生活，充實自己的內在世界。一個差點死於毒癮，靠著藥物而又活了下來的新生兒，這樣並不算是倖存者，因為一個嬰兒即便經歷了九死一生是不可能意識到自己與死神擦身而過。相反的，六歲以後，當他個人發展讓他可以幻劃死為何物，他這回了解自己差點就死過去了。自此以後，這些後來的想像深深烙印在他心中，自己是一位倖存者。

這種情況並不少見，可以讓人理解外在世界的一個真實事件（戰爭或饑荒）如何在孩子的內心世界刻劃出一道情感痕跡，這個痕跡往往透過他人的眼光才開始顯現意義，形塑一個內在自我情感：「我曾經闖出死亡蔭谷。」

於是便產生了一種內與外的雙邊運作：一方面是小孩的內心世界，當他了解自己曾與死亡擦身而過；另一面則是當社會論述說「他是一個英雄」在他的精神世界中產生了一種超乎常人的感覺。

當我們還是孩童時，讓我們驚喜的不是活著，更不是存活下來。讓我們內心世界著迷

19 杜辛尼翁，出處同上，p.233。

的，是外在世界的美妙。泡泡迎風飛揚、一株玫瑰花瓣掉落，這些景象對孩子而言才是真實發生的事件，雖然是身外之物，可是卻令他欣喜若狂。

倖存的概念意味著，孩子認為他曾經險些失去這個世界，不再存在於這世上。這樣的自我呈現需要深鑿自我個性，也需要一種精神力量，可以讓他呈現空虛、無限與絕對。彷彿小孩可以這麼認為：「一股巨大的力量差點就要讓我撤離這個美好的世界，然而，既然我能夠逃脫這股強大勢力，也就是死亡，這便是一種證據，證明我征服了死亡。」這就像是一場與死亡的搏鬥，在搏鬥中我們親手扼殺了死亡。「倖存的頃刻即是所向無敵的頃刻。」[20]這種倖存者經常會有的感覺具有模擬兩可的特徵。

「我扼殺了死亡。」亞斯．卡耐迪（Elias Canetti）說，因此我是有罪的，但是我也殺死了死亡，既然我活下來了。僅僅是我依然健在這個事實在我內在證明了我比死亡還要強大。我們的文字清晰地顯現純潔的情感。但在我們的心底，這些情感總是混在一起的。在倖存者身上，罪惡感摻雜著自大狂。「……與這場勝利相比，任何痛苦都是微不足道……」[21]當我們感受到扼殺死亡的熱情那一刻，日常生活的苦難都顯得荒誕可笑。於是，許多倖存者都表現出病態的勇氣：「對於一個像我這樣戰勝恐慌經驗的人來說，這一點痛苦真的不算什麼。當我們有幸比死亡還要強大，我們自然不會輕易的被任何敵對的劣境所征服。今天晚上，我沒有任何果腹的東西，牆上都結霜，我窩在床上發抖，我要在清晨四點鐘起床，趕在上學前去清洗磁磚。那又怎樣？我已經活過十五個年頭了，我經歷過更糟的。」這裡不是要刻意把痛苦的經歷變得煽情，痛苦恆在，艱辛且無止境；然而痛苦並非只掀起埋怨或牢騷，它更可以挑起決心，挑戰的決心。所有內心的試驗都具有神意仲裁的效果：如果我依然勝利，如果上帝的判決賜予我勝利，如果我能戰勝水火等大自然元素，如果我能抵抗飢寒交迫和社會敵意，我對自己證明，雖然我有罪惡感，但是我還是有權利活下來。然而這場奮戰卻是在剃刀邊緣進行的。萬一不幸我失敗了，我可以確認，別人有理由殺死我。

內在世界情感混亂不堪，從外部觀察卻無任何異樣，這正解釋了倖存者的矛盾。有時一場勝利，即便是得來不易，在他們心底的反應卻異常平靜。旁觀者可能會說：「真是出乎人意料的平衡，尤其想到他們曾經歷過那些事。」而那些喜歡用能力高低做劃分的人，會認為倖存者出乎常人的平靜是「高人一等」的表現。這樣的推論其實毫無意義，現在是因為他沒有失敗，所以才沒有顯現出徹底的脆弱性。他相信勝利，甚至在最令人絕望的處境中，因為

20 卡耐迪（Canetti E.），《大屠殺和力量》（*Massacre et puissance*, Gallimard, 1996, p.241）。

21 出處同上。

之前他早就曾經戰勝過死亡。當地遭遇挫敗時，他會賦予當初要殺他的劊子手一種正當性，顯露出一種憂傷的罪惡感。他被迫在勝利中才能感受到平靜，所有的失敗只會掀起虛無和不如死去的感覺。

當他遭遇失敗時，他會感到失望沮喪。然後，一段時間之後，他寄望他處。隨著傷口癒合，他又建造另外一個計畫。他甚至找到一些理由來承受失敗。「說到底這個女子並不適合我，所幸她離開我了。」而倖存者一旦遭遇失敗，這個失敗對他而言好像證實了自己值得死去：「我的生命本來就是多餘的。我比當年在我身邊喪命的父母更該死去。他們原該活下來的，而不是我。」所有的失敗都變成一種崩毀，釋放了內心潛藏的罪惡感：「我的父母禁止我和『光明之路』的士兵交談。[22]有一天，那時我五歲，我的一顆球滾向他們，他們和我玩起足球遊戲。不久之後，我的父母就遭槍殺了。直到二十歲，我都認為，我和士兵玩耍當中，可能無意間跟他們透露我父母很討厭他們。由於不聽話，我害死了我父母親。」

倖存者感到罪惡感，這也解釋為何他們經常有贖罪之舉。從外部來看，大家都會說這是「慷慨大方」或「嚴以律己」。事實上，犧牲在於奉獻一己之力，這是一件好事，因為這可以讓人消除罪惡感。讓自己為他人之事而忙碌，便可降低自己的罪惡感；我們不是殺死父母親的兇手，我們變成散播幸福的使者。這種奉獻己身、肝腦塗地的行為改變了自我的情感，也把一個待罪之身轉變成慷慨之士。

貝特漢正體驗過這種倖存者的罪惡感，不過他把罪惡感轉變成一種純粹的不幸，然而這裡涉及的應該是一種複合的不幸。這種不幸包含了複雜的成分：因為勝過死亡而獲得的自信心、註定在危險邊緣獲得勝利的僥倖，以及奉獻自身而獲得的內心平靜。貝特漢內心無法體驗這種複雜的不幸，在他遭到逮捕入集中營之前，他經常是沮喪的。[23]

他一輩子都活在悲傷之中，然而這並不阻礙他綻放出心理韌性。心理韌性指的是面對災難的打擊能夠復原、回擊的能力，而不是追尋幸福的能力。

對死亡的愛甚至可以是一種抵禦死亡焦慮的方法。憂鬱症患者不諳此道，他們只能在死亡的場景中獲得平息，感到舒緩。「我只有在葬禮上感到舒服，尤其是看到所有人都在哭泣時。只有在這樣的場合中，我突然不覺得因自己對生命絕望而面目可憎。我和所有人都一樣。我心中一股溫暖的情意油然而生，我甚至可以用單純的接觸來撫慰喪家。」憂鬱症患者通常只能透過自殺才能解脫生存之痛楚。「當我拿到醫藥箱，當我完成我的遺囑，焦慮逐漸

22 譯註：「光明之路」是祕魯極左的反政府游擊隊組織，目標在實行共產主義。

23 蘇東（Sutton N.），《布魯諾．貝特漢》（*Bruno Bettelheim*, Paris, Stock, 1995）。

退散，因為我知道至少有一個解決之道。而在做出這個場景之前，我始終以為我焦慮的折磨會讓我永無寧日。」

這正是為什麼過於相信表象的人，會對這位葬禮上表現得莊嚴寧靜的女士感到驚奇，也會對這位試圖自殺的男子所表現出的不動聲色的樣子感到迷惑。

影像是一場騙術，主導著觀察者的情感。我們也在他人的眼光中觀看自身，當我們從己身給出一種寧靜的影像，他們會反映出來，而我們也會再給予回應。這樣互相欺騙的遊戲最終反而產生一段真實的關係，可以持續一段人生，在剃刀邊緣上。

這也是為什麼一向只有受害者協會，而無倖存者協會。中古世紀時，受害者和侵犯者都是要遭到審判的，因為他們兩者之間密不可分，今日，我們的文化奉獻促使我們向他們伸出援手。目前的情況反而是對倖存者報以不信任的態度。他們以為自己是誰啊？以為自己是超乎常人嗎？自以為高人一等嗎？

於是，倖存者對於自己的驕傲感到羞恥。「當我見到我的朋友們都遭殺害了，我是唯一倖存者，我感到一陣歡喜。我逃過了死劫。為何是我？當別人對我伸出援手，我對這樣的幸福反而感到恥辱，我盡全力協助他們。別人覺得我非常有勇氣。」倖存的罪惡感再加上自我優越的迷思，導向一種隱藏祕密的態度：「如果被人知道了，應該會對我有不好的觀感。」

倖存者對幸福感到羞恥感，造成別人的誤解，富有心理韌性的兒童極盡己力拯救弱勢

當一個孩子在穩定的環境下自我發展，他獲得穩定的回應。但是，當死亡的經驗讓他脫離了正常的人類處境，他的情感會是混雜錯綜的，彷彿他在同一句話裡講出：「我是有罪的，而我是無辜的。我是萬中選一的優勝者，而我對自己的驕傲感到羞恥。」這種情況是難以言喻的，尤其飽受罪惡感的折磨：「我的父母被槍殺了，因為我不聽話。」於是，死裡逃生的人變得卑躬屈膝，有時甚至過於服從。但是夜闌人靜時，他開始反抗，面對著就寢時想像中的法庭，他像一頭困獸不斷為自己辯解，捍衛自己的立場。隔天，當他在學校的中庭發現需要幫助的弱者，他會義不容辭地伸出援手。當社會想要預先設立一些機構照顧他們，他將找到一個管道，表達他在前一晚腦海中想像的論點。然而，當社會相信的是影像呈現，那麼誤解就不遠了。

當洪看見因受傷而送來這個機構的小唐，他馬上就被小唐的義肢給吸引了。洪當然會比較想要一個更加靈敏、有活力的玩伴，但是卻無法對小唐坐視不管，讓他自己孤單一個人。於是，洪總是小心翼翼地和他一起玩。而小唐對於自己能被以正常人看待感到開心，他進一

步要和洪進行一場友好的打鬥，洪不能說不。小唐原來就不堪一擊，洪輕易地就可以讓他俯身彎下，然後，再小心仔細地勾住他的義肢木腿讓他跌倒，同時自己也要假裝跌倒，才能及時扶助小唐，不讓他重摔。

此時，護理人員剛好撞見了這一幕，他們把洪訓誡了一番，甚至在進食堂前的廣場上，當著眾人面前把洪羞辱一番，並向其他人描述洪是如何以大欺小。

在這整個訓斥的過程中，洪的反應是躲入內心世界，如同戰爭期間一般，雖遭受羞辱也保持平靜。他知道自己已經多次與死亡交會，他是上帝的選民，超越人類處境，超越這些護理人員，說穿了他們只是泛泛之輩，什麼都不懂。

他自己是受害人，在他自己的內在法庭裡，他得以自我辯解，內在法庭讓倖存者獲得撫慰，透過自我的辯解，他獲得了活下去的權利：「我受到那些護理人員審判，但我才是超人。我才是有道理的。」在一些極端的處境中，現實迅速地將幻想納入場景。

事實上，這種幻想的內在法庭可以提供一種修復自我的場域。「他們沒有罪。沉重的、晦暗的力量催促著他們，千噸萬噸的重量壓在他們身上。生者之中沒有無辜者。所有的人都是待罪之身，你是被告，你是檢察員，而我惦記著被告、檢查員和法官。／但是為什麼我們對於自身的賤斥感到不適與恥辱？」[24]

「我同意，」孤兒說，「殺了人，既然我活了下來。然而，我是無辜的。現實才真的瘋了。如果你們知道發生了什麼事情！你們不會相信我的。我是雀屏中選的子民，既然我高處不勝寒，屹立於死者之間。我是渺小的，我是狼狽的，我是有罪的，我是絕望的，我是被選中的，我是偉大的，我是美好的，我是可恥的。但是絕對不要憐憫我，我比死亡更有力量。」[24]一個處於穩定環境下、心智也穩定的孩子是不可能說出這樣的話，因為他內心裡只受單一結構影響，形塑單一人格。

但是極端的孩子是由矛盾所形塑：他的罪惡感是無辜的，他的驕傲是令他恥辱的，他的英雄主義是膽怯的。在天真的年代，他遭受判決有罪，他對於自己全身而退的榮耀感到可恥，畢竟，愛他的人都未能幸運生還，而他的英雄主義卻只證實了他的膽怯，因為如果他真的勇敢，他大可陪伴他的親朋好友一同赴死。

周遭環境在矛盾的形成過程裡扮演一個重要角色。所有勝利者都是可疑的，所有受害者都是親切的。一間收容兒童的機構，會在得知這名兒童是強暴下的結晶時顯露憎惡感，這種

24 葛羅斯曼（Grossman V.），《人生與命運》（*Vie et destin*, Lausanne, L'Âge d'homme, 1980, p.9）。

情況並不少見。死亡集中營這一類書籍經常被一些樂在其中的讀者閱讀。一位好心照顧救濟院兒童的大人，最後反而愛上他對這個兒童的憎惡。他救援了一個堪憐的小孩，他自己會認為自己是慷慨的，是超越別人的，因為他扮演了濟弱扶傾的角色。小孩也因此了解，自己是因為自身的不幸而被疼愛，一旦他的不幸被治癒了，大人就失去喜歡他的理由了。

對一個勝利的孩子的讚賞本身也是模擬兩可的。一場邏輯正確的演說一點也不心理學。當一個大人說：「我欣賞這孩子，這是個小小英雄。」他沒有說出真正的想法：「我痛恨他學業成績優秀，而我的女兒一蹋糊塗……還有，他到底何德何能可以勝出？他一定有殺人，他一定有出賣肉體，否則他應該像其他人一樣早就死掉了。」

蘿絲琳的例子可以讓我們看到，一般人對於心理韌性兒童有一種模稜兩可的態度。一開始大家都說：「十七歲正值芳齡的她，後來被送到集中營。」接著，大家也很欣賞她社會上、知識上的成就，然後不知從何時起，大家開始這麼說：「這經歷對她肯定驚悚萬分。她之所以能夠脫身，是因為她出賣了肉體。」這種傳統的戲碼又上演了。大家對於遭受不幸的受害者，總是疼愛有加，樂於對她伸出援手。可是一旦那位受難者轉變成受人矚目的英雄時，一旦他變得位高權重時，他也變得啟人疑竇，因為一個受人宰割的獵物蛻變成強勢一方時，這彷彿是違反自然法則的。

再者，倖存者永遠挾帶著不好的訊息。他們的命運多舛，足以讓我們彈性疲乏。餐桌上談論亂倫遭遇，這很難消化吧！講述集中營經驗，莫非是要加深我們的罪惡感？還是要我們潸然淚下？或是為了爭取額外的福利津貼？

最後，倖存者都是一些沒有道德的人，尤其是他們在親友死掉之後，開展他們的人生。在憂鬱的文化中，慶祝永遠是骯髒事。[25]當我們的父母正遭逢死亡，自己卻生活幸福是一件可恥的事。然而，心理韌性復原中的兒童所遭遇的正是這樣的處境，他們只是拒絕和鍾愛的人一起消殞。

我們所欣賞的團結阻礙了我們同樣欣賞的心理韌性。喪失親人換來了創造力，誰又能坦承呢？

穆魯是班上的學生，人長得帥，成績也優異，學校老師都希望他能進入高校預備班就

25 普茲納（Pewzner E.），《罪人。西方的瘋狂和錯誤》（*L'Homme coupable. La Folie et la Faute en Occident*, Odile Jacob, 1996）。

讀。當晚，醫生被緊急叫了過來，穆魯因嚴重胃痛導致昏迷。仔細思索了一下，穆魯察覺他不由得焦慮而胃絞痛，一想到有可能必須拋棄母親和九個弟弟妹妹。埋首苦讀，有可能會被錄取，然而一旦錄取，就等於離開母親，讓她孤單一人；一個寡婦，沒讀過什麼書，身邊還有這麼多小孩，她一個人無法獨力扶養的。幾天過後，他的焦慮不見了。穆魯找到解決的辦法：他故意沒有考過高中會考。他即刻感受到一陣輕鬆，卻讓他賠上了個人的充分發展，與原本希望的社會出人頭地。大家都非常讚賞穆魯個人的犧牲與無私。大家都稱讚他的學業成功，雖然稱讚中也帶著一種惋惜。然而，沒有人敢說，當初穆魯如果執意追求個人的綻放，條件可能是他的母親必須不在人世，他的弟弟妹妹必須安置到救濟院去。穆魯或許也必須付出這個悲傷的代價，才能成為富有心理韌性的人。這也是同樣的道理，一個小孩的創造力通常是父母親不在人世了才「起飛」。

普魯斯特、佛洛伊德和馬克斯．韋伯（Max Weber）正好闡釋了這種父親死後，「創造力起飛」[26]的現象。他們不再銘繫在父親的路線之下，不需活在父親卓越形象的壓力之下。原本的父系認同突然失去牢不可破的力量，年紀尚淺的青少年也透過這場哀悼，重新獲得心理上的自主性，這往往是父親健在時無法獲得的力量。

喬伊斯（James Joyce）和巴斯卡（Blaise Pascal）同樣都是在喪失親人後獲得自我的解

放。而我也有機會觀察到幾個哀悼過後創造力起飛的例子。十七歲的羅伯特是一個嚴重壓抑自我的小孩。他不敢說話，也不敢直視他父母的雙眼，也不敢和朋友一起外出，更不用說向女孩子獻殷勤這類的事：「母親朝自己的頭部開了一槍，頭部多處碎裂身亡，我理解到她要死去的這一天，我的焦慮全都消退了。我感到一股超乎尋常的自由和輕盈。我終日以淚洗臉，因為我很愛她。但是我還是感到如釋重負，因為我不再需要完成她的希望。我可以嘗試自己想要做的事情，而不必在乎她的心情好壞。」接下來的十年，羅伯特在法律學業上有亮眼的表現，以知名報社自由撰稿人的身分跑遍世界各地，購置了一棟漂亮的房子，也生了四個孩子。

派翠西亞非常崇拜她的父親，父親是一位重要的政治人物。一場突如其來的意外中奪走了父親的生命，她悲傷不已。然而令她驚訝的是，此後她卻異常感到輕鬆自在。之前一陣陣的焦慮感沒有再回來了。此後家中大小事都是由她處理。她重新上舞蹈課，甚至也敢換工作，之前那個令她心力交瘁的工作是她父親幫她找的。那個工作緊緊地把她綁住，綁在父親

26　安日鄂（Anzieu D.），《表層－我》（*Le Moi-Peau*, Paris, Dunod, 1985）。

的權勢之下，如今父親過世，她總算可以找一個更適合她的工作。

不需要憐憫倖存者。他們不是受害者，而是劊子手。他們為自己的存活下來付出代價，必須要求他們將創作付給我們。

在創作的世界裡，孤兒的比例較高等學校[27]和中等階層明顯要高。[28]法國文學史的教材裡，三十五位作家中，有十七位承受了幼年失怙之苦。[29]幼年失怙後來變成知名作家，這個名單可以無限延長：「波特萊爾、伯朗特姊妹、拜倫、柯勒律治、但丁、杜思妥也夫斯基、大仲馬、愛倫坡、盧梭、喬治桑、斯威夫特、托爾斯泰、伏爾泰……族繁不及備載。」

然而雖說成為大文豪的比例偏高，但還是有風險存在：當我們以縱貫研究[30]的方式看孤兒族群的變化，我們可以確認，大部分喪父或喪母的孩童比父母離婚的孩童還要有成就[31]，通常會導引到創作的領域，然而也有一部分變成犯罪少年。

缺少支援體系、創造力和犯罪問題這三方面有怎樣的關係，現在就比較能夠理解了。家庭的結構或組織健全的社會或許可以保護兒童。然而，這樣的社會或家庭逼迫小孩朝預先設定的路線發展，同時也限制了他的創造力。因為他只學會了重複指令。一個孤兒，雖然遭逢家變，反而沒有任何束縛，比較能夠進入一個接待的結構，願意傾聽他。他雖然處於邊緣的境況，可是人家卻非常願意聽他訴說他的經歷，創造出一種不同的觀看世界的方法。他也因此處在創造的情境之中，有時亦可加入科學創造的團體之中，或是藝術家的行列。這些人註定也是邊緣人，因為他們永遠在為文化帶入前所未見的事物。

此外，移民的相關研究指出，當一個年輕人周圍若是缺乏情感網絡和社會結構，他的慾望是無法受到調節的。然而，當他精力旺盛卻無法派上用場時，這些力量或轉變成暴力，一點小事就能爆發出來。就像孤兒一樣，移民者的家庭或社會結構破碎，一旦適時給予發聲場域，可能會變成創造者；同樣的，他們也可以變成犯罪人口，一旦他們的精力找不到發洩的出口。

27 編註：法國的高等學校（grande école），有時被譯為「大學校」，是法國教育不同於全球教育發展的一種表現。相對於綜合性大學而言，其專業性更強，更重視教學與實踐的結合，被稱為法國的精英教育。主要包括工程師學院（École d'ingénieurs）、高等師範學院（École normale superieure）、商學院（École de commerce）和政治學院（Institut d'Etudes Politiques）。

28 賀納（Haynal A.），〈絕處逢生的孤兒〉（Les orphelins savent rebondir），發表於歐里塢勒（Colloque Châteauvallon-Ollioules），「這些渡過難關的兒童研討會」（Ces enfants qui tiennent le coup, Revigny-sur-Ornain, Hommes et Perspectives, 1998, p.49）。

29 波赫（Porret J. M.），《無依無靠與創造力》（*Orphelinage et créativité*），博士論文，日內瓦，一九九七年。

30 譯註：指資料蒐集的工作，在兩個時間點之間，觀察研究變化。

31 賀納，出處同上，p.50。

以上關於孤兒、移民、問題少年或革新者的思考，讓我們想到：有機體的存活仰賴於周遭的生態情況，而存活的方式則由團體行為來處理。[32]

■突如其來的創傷令人慌亂，但卻不及潛伏性的創痛留下更多傷痕。一則神話中的冷峻暴戾比仇恨的狂熱還要更具破壞力

莫三比克戰爭期間，數萬名六到十二歲的兒童親眼目睹了集體屠殺，他們遭受凌虐，有時甚至參與其中。通常，武裝兒童站哨，而他們的同伴將他們的父母斬首，支解屍體，將砍下的頭顱插到木樁。[33]大多數的時間，這些兒童都已經麻木不仁了。如果只相信表面顯示，看過他們的人會說他們冷漠無情。事實上，他們已是麻木無感了，身體上毫無活力，心理上早已麻痺僵化。他們必須否認一切，否認到什麼都不必懂，不需懂，萬一懂了反而會有殺身之禍。

後來，我們可以看見他們滿臉笑容，不禁思索他們是如何全身而退，沒有命喪現場。如果他們無依無靠，他們肯定會死去，有些小孩就有這種反應，他們不是極端麻痺僵化，就是極端暴力，對什麼都不認同，包括自己。然而，這些孩童卻由於否認反而能適應生存，超越

自己，因為他們受到別人的包圍。心理韌性的品質如何，取決於他們在創傷前與創傷後即刻建立的網絡連結。

受創的兒童在經歷浩劫之前如果沒有良好的周遭關係，比方說他們是遭人棄養的，比方說他們的家庭不健全，這些小孩往往無法撐過難關，全身而退。他們經常會喪失理智，得了精神焦慮症，精神恍惚，心不在焉，視線混亂，活在夢魘中。相反的，那些有穩定且恆久連結的兒童比較能找到某種防衛機制，比方說否認，或是仇恨。

悲劇之後，如果他們能夠重新回到團體，在團體中身負重任，他們可以重新開始生活，但是巨大的傷口會在他們內心醞釀，隨著自我發展逐漸顯現蹤跡。表面上別無二致，實際上他們的人生軌道悄悄地偏離了。

即使是心理學，推論的方式有時也像機械師一樣，彷彿種什麼因永遠得到什麼果。汽化

---

32 布斯比（Boothby N.），〈戰火下的孩子：求生存的集體行為〉（Children of war : Survival as a collective act），引自麥克・卡林（Mc Callin M.），《難民兒童的心理健康》（*The Psychological Will-Being of Refugee Children*, International Catholic Child Bureau, Genève; BICE, 1996）。

33 出處同上。

器阻塞，於是汽車運行不順暢；同樣的道理，童年的巨大創傷解釋了後來接踵而至的各種痛苦。然而，當一件事情太過顯而易見，反而會使我們誤認而不自知，就像光芒萬丈，反教人什麼也看不見。有時候，一個激烈的創傷反而沒有長期潛伏的創傷來得嚴重，慢性創傷潛伏期漫長，且隨著精神與周遭的相互影響而不斷重複。

當然，急性創傷會帶來嚴重破壞力。比起一個無止盡的束縛，會在記憶中留下痕跡，改變情感，改變學習與自我情感，急性創傷是否會有更長足的影響？當受害者遭到重度打擊而不知所措時，他們的反應通常是昏厥，失去意識。如果他們依然保持清醒，面對如此強烈的焦慮，他們只能眼睜睜地看著自身的悲劇，就像杜斯妥也夫斯基看見自己坐在床上，或是尼采想像參加自己的葬禮。但是當情緒過於強烈引發心智的混亂，夢中影像的再度湧現或暫時性的譫妄，這種偶發性心理失序不會在記憶中留下什麼痕跡。

相反地，當心靈受創的人活在僵化的文化中，一個眼神就把他們定型，動彈不得，動輒得咎，他們成為二度受害者。只是，這次反而是家庭、機構或社會的環境拯救了他們之後，阻礙了他們發展。二戰期間，救濟院的孩子們受到寄養家庭的救援，若不是他們，這些孩子應該早就無法活下去。當時的社會輿論認為，這些孩子既然沒有家庭，只能到農場打雜或成為任勞任怨的女傭。於是，農場主人接收了他們之後，動輒拳腳相向，有什麼閃失就棍棒伺候，言行舉止上羞辱他們，自己卻渾然不自覺。七歲的貝爾納待在穀倉裡半年之久。他睡在稻草堆裡，從來沒有洗澡，汙泥卡在衣服上也不弄掉，因為他的工作相當辛苦，五點就開始上工。他這種令人憎惡的外觀正符合社會輿論提及救濟院孩子的樣子。唯一不同的是，大人總是在毫無價值的私生子身上驗證他們的理論，因為他們自己製造了眼前看到的這一切。然而，兒童卻覺得自己的遭遇是令人稱羨的，因為他們經常能躲過農場主人的棍棒伺候，而且每週日都還會受邀參加農工餐會，大家嚷鬧著要把他灌醉。在孩子的內心世界裡，逃過棍棒伺候，證明他很機靈，至於每週日被灌醉，反而可以讓他融入大人的世界。我當然不是說灌醉小男孩成為融入團體的儀式，是一件必要的，或道德的事情（大可有其他替代方式！）。但是我認為對於貝爾納而言，在農場遭遇到的這些對待具有這樣的效果。

在同一個農場裡，還住著一個女孩布莉姬特，十二歲，有點駝背，她是負責打雜的女傭。她可以睡在真正的床上，甚至還有床單，因為她是女孩子。在所有家務當中，她還必須在農場的工作人員返家時，幫忙脫掉沾滿泥巴的靴子。她會在他們面前蹲下，把鞋頭拉起來，通常工人們的另一隻腳會抵在女孩的胸部，「幫助脫掉鞋子」。每次靴子脫離腳掌之後，孩子就會往後滾，四腳朝天，大夥兒都笑個不停。貝爾納因此認為，雖然她擁有床鋪，小女孩的遭遇並沒有比他好。

急性創傷時，意識消解，否認的機制自動切斷現實中不可承受的部分，藉此保護受害者，就像敗血症的病患必須截肢才能保全性命。然而遇到慢性創傷時，創傷是悄悄在進行，每天不斷重複，精神上的反覆運作，因為這種「道德性的」創傷是由社會施加的，這種創傷會給小孩帶來混亂，這種混亂不易察覺，但卻更加持久，影響深遠，擴及其人格的發展。再加上，布利姬特經常沉默不語。每天晚上，她在棉被裡面又重新溫習了一遍遭受恥辱的場景。相反的，貝爾納倒是充分運用每週日的喝醉，扮演英雄的角色，在穀倉裡和其他救濟院的孩子述說小丑滑稽的故事，和編造一些打架勝仗的情節。

真實的確存在孩子的心中，尤其當遇到的衝擊也是巨大的時候。但是真實是一回事，他人眼光下的我才真的是真實的存在。布莉姬特雖然睡在美麗的床被下，每天晚上卻必須重新經歷受侮辱小女孩的身分，而貝爾納，雖然經常滿身爛泥，令人難以親近，睡在稻草堆裡，卻能與大人一同用餐，與他們乾杯，並且逗笑大家。

自我情感變成了一種身分的發端，就像一個自我的影像經由他人眼光植入孩子心中：「我在他人眼中是一種可憎厭惡的對象，因為我是因強暴而生下來的小孩……在他人眼中，我像是黑死病帶原者。」他人對自我的形塑跟記憶對人的塑造是同樣持久的：他人可以帶來長足的效果，就像記憶也可以有長久的展現。然而，人格越是形塑穩定，他者的眼光所帶來的影響就越是短暫。一個相當在意他人眼光的孩子，對事情的記憶也會歷久彌新，他會這樣看自己：「我是討厭鬼、骯髒鬼，我是怪物，因為大人就是這樣看我。所以他們自然而然會把我引導到專門收容討厭鬼、骯髒鬼或怪物的社會途徑。」相反地，一個同樣遭受他人憎惡的眼光對待的人，由於之前的自我情感是由溫柔的眼光所形塑，他反而會這麼想：「他這樣看我有什麼問題嗎？他把我當成是誰了嗎？」而這樣由他人眼光帶來的不悅頂多會以憤怒或是逃避的方式呈現，不致於產生持久的後果。

暴力會悄悄地形塑自我情感，這些暴力是由許多細微的行為，渺小的肢體動作，或尋常的話語所構成，兒童便是在這樣的環境下發展自我。當一個救濟院的孩子說：「我要通過高中會考，成為律師。」根本不需要做什麼長篇大論來讓他放棄夢想。一個挑眉，一個撇嘴，幾秒鐘的眼光凝滯就足以對他示意：「我剛說了蠢話，這個夢想對兒童救濟院的孩子來說是不可能的。」同樣的行為場景發生在一位律師身上，這位律師是救濟院出來的孩子，然而同樣的遭遇卻引發不同的意義，他心裡似乎是這麼想的：「你們以為是不可能的事，我在社會上的成就證明你們錯了，你們完全不懂。」對於一個還不知道自己是誰，自己的價值在哪裡的小孩而言，一個目光足以令他挫折，然而對於一個有歷練的大人而言，同樣的行為舉止引發短暫的愉悅和驕傲的情感：「他完全不懂，我的人生證明了事實完全相反。」

這個慢性暴力，這些不構成事件，也不構成歷史的行為舉止，卻可以為發展中的人格帶來毀滅性的後果，甚至比急性創傷所帶來的效果更長久，更難以言喻。那些存活下來的巴勒斯坦幼童，如今在加薩走廊生活，以及希伯崙的以色列兒童，都遭受這種慢性暴力的潛在形塑，比起震撼性的大災難，其效果更加不易被人察覺，畢竟那些世紀大災難往往很容易就被神化。[34]

易卜拉辛大慘案（le massacre des Palestiniens）[35]隨即變成各個宗教集團的神話，用來宣揚不滿和憤怒的情緒，藉此鼓舞士氣。然而，這些微不足道的日常生活事件，藉著不斷重複實踐，最能在兒童的心中種下怨恨。其餘的只是發生在不同日期的大小事。

一九三〇年間，國族主義不斷向小學生宣導對德國人的仇恨。在那之後，只要有德國人笑得比較大聲，或是德語的喉音發得比較響亮，就足以讓法國兒童產生憎惡的感覺。在這種情況，真實提供了跳板，讓兒童的情緒可以跟機構環境所傳遞出的慢性暴力得以發展開來。今日，小小德國人和小小法國人，雖然形塑於不同的環境之中，肩並肩的一起為他們的祖父掃墓。然而，神話中依然把德國描述為曾經蹂躪歐洲，席捲歐洲，而實際上他們也同其他的國家一樣遭受意識形態的摧毀，受創程度不亞於其他國家。

一個急性創傷比較容易被搬上螢幕，輕易地就能被製成影像，譜成敘述，或以童話或以史詩的方式歌頌英雄的誕生。相反地，一個聳肩的動作足以摧毀希望，一個輕蔑的嘆息足以使人挫敗，這些細微的動作要怎麼樣轉成神話？一件劃時代悲劇具有變換自身的彈性，相反地，要如何呈現一個無意識的動作呢？

■ **要讓恐慌得以蛻變，必須要有情緒抒發的出口。社會總是要大家「若無其事，息事寧人」，結果反而讓傷口更加惡化。然而真正的療癒並不那麼複雜，只要能懂得用繪畫重建場景，或用敘述的方式，進行一場自我的奮戰**

武科瓦爾（Vukovar）戰役[36]中的孩童，被接收到史邦斯科（Spansko）集中營，他們開

34 普納馬奇（Punamaki R. L.），《巴勒斯坦和以色列兒童面對暴力之心理反應》（*Psychological Reactions of Palestinians and Israël Children Toward Violence*），引自研討會「戰火下的兒童」大會手冊（Children in war: Proceeding of the Symposium, Finlande, Siunto Baths, 1983）。

35 譯註：是一起猶太人針對巴勒斯坦人的恐怖攻擊事件。一九九四年二月二十五日以色列約旦河岸聖城希伯崙市一名手持自動步槍的以色列猶太移民在易卜拉清真寺（Tombeau des Patriarches）內向正在祈禱的千餘名巴勒斯坦人掃射，當場造成二十九人死亡。

36 譯註：武科瓦爾是位於克羅埃西亞東部的繁榮城鎮，一九一一年八月至十一月，南斯拉夫人民軍與塞爾維亞準軍事部隊發起八十七天攻城戰。

始以圖畫的方式呈現自己親身經歷的重大考驗。[37]孩子們描繪的時候，也不斷地講述著。影像醞釀著話語，而他們的繪圖則可以讓人閱讀戰爭。

最初，兩百一十位孩童難民，三到七歲不等，他們重新回到社會，回到當地的學校就讀。但是他們經歷的這些事件在他們心裡留下特殊的情感烙印，他們感覺自己不屬於這個世界，不屬於這群正常的孩子，他們註冊上學，有自己的父母親。

太急於讓這群孩子重返社會反而突顯一種他們是不正常的感覺。於是，他們嚎啕大哭，他們咆嘯狂叫，甚至暴力相向。這個過程非常難以處理，因為一邊是經歷了大恐慌的兒童，另一邊則是循規蹈矩，生活井然有序的兒童，把他們放在一起的時候，反而突顯了這些小小受創者經歷的不尋常事件，加深了他們不正常的感覺。然而，相反地，如果讓這群「不正常」的兒童編在同一組，情況也不見好轉，這樣並未改善他們對自己「不正常」的形象，更何況他人的目光硬是將他們貼上標籤，標註為可憐的受害者，甚至是令人嫌惡的。

最有用或是最快速讓他們重新適應社會的方法，就是讓創傷得以蛻變轉化。一旦我們開始談論創傷，把創傷繪成圖畫，納入場景或重新思索，我們便能將潰堤或凍僵的情感調解或馴化。只有將悲劇轉化成再現，我們才得以重新掌握創傷當下引發的情緒。

當兒童走出恐慌，他們不但依然身陷其中，而且他們還無法學習文化中的儀式。很多東埔寨小孩，幾年集中營生活後重返校園，居然不知道口試的時候不能翻課本。老師指責他們作弊，這又為他們的人際關係雪上加霜。

一九四〇年戰爭後，荷納特女士在義大利照顧一群年僅八歲到十一歲，失去雙親的孤兒。幾年以來，他們在街上討生活，就像許多「擦鞋童」幫客人的皮鞋上油，有時靠行乞或偷竊來餬口。[38]他們哪裡可以過夜就睡哪裡，經常遭受毆打、強暴。當荷納特收容他們時，她對他們兩種矛盾的行徑感到訝異，而這兩種行為既是對立卻也緊緊相連：這些孩子既是反應遲鈍，卻又動輒打架。

這完全就是數十年後在武科瓦爾戰役下兒童身上所觀察到的。「他們看起來很乖，同齡的兒童在團體中總會喧嘩，他們完全沒有聲音。」[39]他們孤單在一旁，不太喜歡嬉戲，只愛

37 葛哈普（Grappe M.），〈戰火下兒童受害者之創傷後精神障礙：後遺症與臨床重症型態〉（Troubles psychiques post-traumatiques chez les enfants victimes de guerre: séquelles simples et formes cliniques graves），《法國精神病理與醫藥心理期刊》（*La Revue française de psychiatrie et de psychologie médicale*, n°10, septembre 1997, p.38-43）。

38 斯普朗吉勒（Sprengel R.），引自〈歐洲難民和移民兒童之心理教育和社會調整〉（The Psychological Educational and Social Adjustment of Refugee and Displaced Children in Europe, *in* Fajrajzen R., Genève, UNESCO, 1952）。

吸大拇指，捲玩頭髮，走路時雙手臂不會擺動，眼神凝滯，不眨眼睛。這個行為學的描繪提供行為線索，可以看見他們的內心世界：我們可以發現，否認機制發揮到極致，導致零度感受，雖讓他們免於再受苦，但是同時也阻礙他們創造自己的心理生活。他們用一種僵化刻板的方式走路，純粹是在複製某種生命的狀態。心理或精神上的掏空對他們而言是一種防衛反應。如果因為想幫他們而投入過多的情感，他們反而會承擔不起，把情感轉化成暴力。

喬治亞在羅馬街頭流浪了三年，最後有一所機構收留了他，一位女老師把一個玩具送給他，這是一台鋁製飛機模型，原本是女老師的兒子的玩具。喬治亞欣喜若狂，他感受到別人對他的溫情，然而這個溫情瞬間又轉變成恐慌，他把飛機丟在一處牆角，並用腳將它踩碎。大部分缺乏溫情的兒童都會演出類似的場景。

這樣的行為情境發生在大多數缺少溫情的兒童身上。幸福與焦慮並置交替，尤其是如果沒有任何儀式教導他們掌握情感。這種情況在小寶寶身上也經常看到。如果笑意一直延長持續，他們反而開始哭。更常見的景象還有，一個孩子在玩東西，玩到很激動，最後開始打人，彷彿他們無法控制自己的情感流動力。

孩子對周遭的感受性很強。當環境充滿恐懼，孩子會將自己空化，避免承受痛苦，就像大人會失去意識，或是視而不見，免於目睹恐怖的現實。然而，當情感甦醒時，孩子不懂如何掌控駕馭這個情感。一個快樂的事情足以引發更強烈的情感，何況孩子在此之前一直都掏空自身，使自己免受情感之苦。於是，不論他擁抱周遭，或是衝撞四周，他的態度都是無感不覺的。不過，這個情感反應主要還是取決於大人如何詮釋。如果大人把一個孩子視為毫無價值的怪物，他安排的教育管道就會是毫無價值的怪物的管道。兒童適應了，然後在這個地方學會打架。但是，如果教育者可以理解小孩未能學會掌握自己超溢的情感，他就會提供這些孩子一些場域，讓他們能將恐懼轉化。

所有的兒童都會受焦慮所苦，情感上的擔憂擴延到身體的病變。掉髮的情況最常見，失眠或飲食失序也時有所聞。然而，幾年過後，有大約一半的人不再出現不適的症狀。學校生活和上課都正常，甚至「大多數的人……都具備符合年紀的學習能力，學前工作上的積極投注，都能收到回饋」。[40]對這些兒童而言，學校成為幸福的場所。在那裏可以認識同性、異

39 葛哈普，出處同上。

40 莫里索（Morisseau L.），〈精神病理學看暴力在戰爭時期下的兒童：個人和集體精神分裂在創傷，心理現象和文化〉（Un aspect psychopathologique de la violence dans la guerre chez l'enfant : le clivage individuel et collectif dans les traumatismes dans le psychisme et la culture），收錄於朵瑞等（Doray B., Louzoun C.）主編，《創傷在心理與文化》（*Les Traumatismes dans le psychisme et la culture*, Paris, ÉRÈS, 1997, p.185-189）。

性朋友，玩得很高興。對他們而言，生命中頭一次，大人不是殺手，他們甚至很善良，學校的生活形成一些儀式，情感得以抒發。上學成為一件溫馨歡樂的事情，因此我們可以理解，有時這些孩子們甚至在學校開門前一個小時就來了，寧可頂著寒風等人家開門。

他們的命運取決於社會的眼光。如果他們的失序行徑被視為是一種惡劣行徑，他們通常會被轉入專收壞小孩的機構，日後注定變成犯罪少年。而其他的孩童則被引導到新的文化場域中，他們體會到學校是幸福的場所，他們的恐懼感也得以被轉化。「所謂的脆弱性，並不是來自孩童本身個體的特徵，相反的，必須以概括性和無關個體的方式來理解脆弱性。現在，我認為，孩子朝向成熟的發展過程，取決於許多外在的有利互動的影響，以及……內在結構的演變。」[41]安娜·佛洛伊德說。

一位和善的園藝工，一位扮演啟蒙角色的姊姊或一個政黨都可以改變痛苦的意義

在這些「發展的軸線」中，在這些引導著孩子的牧羊人十字星之中，瑪莉－蘿絲·茉荷找到一個特殊的因素：「這些在校成績優異的移民之子，通常在他們的周遭有一個人扮演

『啟蒙者』的角色。對阿布杜勒而言，啟蒙者有可能是他的老師，對漢米娜來說，啟蒙者是她的的姊姊，對於哈米德而言，則是好心的鄰居太太。」[42]

我們的文化太講求功能性，從而低估了啟蒙者的角色。這些缺少愛的孩子亟欲尋求自我身分認同，以致無法提供他們一條「發展路徑」。然而，文化環境經常禁錮了他們的公共說話權，也沒有提供他們任何的牧羊人十字星。

莫里斯六歲以前與父母親同住，父母親都在酗酒，每天打架不休。十歲時，他被安置到一間學校，直到有一天他遇到了一位園藝工，他總算不再感到命運多舛。每天，孩子都會等待園藝工的出現，殷切地向他提出一些尋常的問題，園藝工總是誠懇親切的回應。對大人而言，這沒什麼，只是舉手之勞，假期中的幾分鐘回答一個孩子的問題。對孩子來說，這卻是一件大事紀，而且非常神奇，因為這是他生命中第一次，有人跟他好好說話，而且有機會聽見繽紛的花卉傳奇。如今，莫里斯是大學老師，他跟我們分享了園藝工的故事，這位園藝工

---

41 安娜・佛洛伊德（Freud A.），《心理分析中的兒童》（*L'Enfant dans la psychanalyse*, Paris, Gallimard, 1976）。

42 茉荷（Moro M.-R.），《移民後代跨文化精神病理》（*Psychothérapie transculturelle des enfants de migrants*, Paris, Dunod, 1998, p.93）。

就是他的啟蒙者，一句話，一個動作，就轉化了他的苦痛。

當「孩子暴露」[43]在重大危機之中，或是文化適應中，他只能改變，他必須蛻變自身。「如果孩子成功地抵抗跨文化的危機，如果他在自己的能力中或環境中，找到一些因子有助於他控制這個危險，他於是確認自己是特別的，不會輕易地被打擊，直到一個事件發生，催引他對於危險的記憶，這記憶深埋在他內心深處。」[44]

心理韌性並不意味著不被擊垮。孩子感到自己是不會被擊垮的，因為他超乎常人。但這不意味著他真的就是如此。此外，存在經常會喚醒他，尤其當一個微不足道的事件突如其來觸碰他記憶的痛處，喚醒了埋在深處的痕跡。

這些童子兵看起來像是不會被外力擊垮：他們外表可愛，勇敢地站上崗哨，用微小的聲音友善地要求檢查文件，一點小過錯就開槍殺人。然後他們工作了一天之後回家。他們以全世界最溫馴的方式殺人，因為武器的科技讓他們輕而易舉就可以執行任務，也因為周遭的大人把這種罪行做成一場過渡儀式。

只要這些孩子還沒有社會化，只要罪行是關於他們社會地位的晉升，這一切都還是情有可原。但是當戰爭結束後，他們回到學校，換了一個環境，他們又必須重新發展人格。就是在這個時候才出現「後創傷症候群」。只有當他們發展出同理心，能夠設身處地替他人著想，能夠想像他人的痛苦時，他們才理解到昔日的舉動就是殺人。只有在這種時刻，他們開始感到痛苦。他們出現良心不安和罪惡感的症狀，這證明了他們重新朝向人類處境演變。一個童子殺手，殺了人之後還能微笑，就表示他是無動於衷的，只要他還沒進入同理心的層次。他有多大的能力，他就有多大的受限。一個經歷心理韌性的孩子原本可以轉化他的痛苦，正如童子兵後來試著理解他當時怎麼能做出這樣的事情。

因此，通常是大人創造的環境賦予事件一個意義。殺死一個人，這件事情的意義可以是榮耀勝利，也可以是滔天罪行，這個意義可以讓我們神往不已，也可以讓我們飽受折磨。

當年齡允許我們回觀自我，我們看待過去的眼光轉變了當初事件降臨我們時的意義，對於死亡的逼臨也有了想法上的轉變。珍娜特和喬瑟夫離開德朗西集中營之後，搭上同一班列車前往奧斯威辛集中營。但是喬瑟夫在列車車廂被上封條之前成功脫逃。珍娜特也存活下

---

43 茉荷，〈這些奇怪的孩子是從哪裡來的？移民後代的精神病理學展出的邏輯〉（D'où viennent ces enfants étranges? Logiques de l'exposition dans la psychopathologie des enfants de migrants），《跨文化精神分析新刊》（*Nouvelle revue d'ethnopsychiatrie*, 1989, n°12）。

44 茉荷，《移民後代跨文化精神病理》，前文已引述，p.174。

來，因為她搭的火車進入集中營時戰爭結束了。回來的時候，喬瑟夫在巴黎呂特希亞旅館的絨毛毯上等她，當他看到妹妹前臂上藍色的數字刺青時，肚子突然一陣絞痛。在當時，這種刺青意味著荒謬、駭人的死亡，珍娜特隨時都穿著長袖襯衫。戰後那幾年，喬瑟夫和珍娜特活躍於共產黨，黨賦予他們榮耀，向世人說明他們即將帶給世界幸福與正義。隨著時代，隨著論述，隨著慶典活動爭取平等的遊行活動，珍娜特逐漸撩起袖子。三十年後，當社會揭露了集中營的恐怖真相，把這些集中營真相變成一道普遍的論述，此後珍娜特只穿著短袖襯衫。在這個全新的情境下，刺青的意義變成：「我經歷過集中營那一段歷史，我可以作證。我最有資格發言。」

隨著眼光遠離，焦慮也緩和了，先不說這種矛盾的效果：倖存者愈是變老，離死亡反而愈遠。當珍娜特在呂特希亞旅館被接待，她身上的刺青傳遞的意思是：「我差點就死掉了。」但是五十年之後，皮膚上刺上的藍色數字突然像是一場意味勝利的喜劇：「五十年多活的生命。我多了這五十年！我本來是該死了。倖存的每一天，都是對死亡揮舞的榮耀之臂！」「我活得越老，死亡離我越遠！」佐治．桑普安[45]說。孩子不會寫書，但是他們強烈地感受到活著的每一天。「上帝啊！讓我至少活到十歲」，白血病患者亞蘭每天晚上這麼禱告。自從他痊癒了，每活過一年都讓他離死亡越遠。所以啊，這是辦得到的：人可以將痛苦蛻變。

■不識廬山真面目，只緣身在此山中。只要暴力依然是教育的合理方法，凌虐事件就依然不會被正視

當遠方傳來爆破聲，來自一支異國軍隊，來自一群武裝人士，來自一場大自然的災難或是一種疾病，這時是周遭情境和時間賦予事件一種意義，讓我們能對抗考驗並且轉變它。然而，當侵犯行為來自我們所愛的人，轉化的工作就更為困難了。

受虐兒的概念說來話長。有好久一段時間，虐待這件事情從未被認真思考過。當平均兩個嬰兒有一個在滿一歲前就夭折，當人們失去「兩三個自己親生的孩子而不感到太多痛苦」（蒙田〔Montaigne〕），當人們認為孩子只是隻小動物，一場「意義的混沌未明」（波緒埃〔Bossuet〕），推倒、毆打一個孩子或關禁閉等行為對於大人來說不會產生虐待的想法。

45 桑龐（Semprun J.），文化高湯（*Bouillon de culture*），法國電視二台，一九九八年三月六日，關於《再見，光明萬歲》（*Adieu, vive la clarté*），前文已引述。

殺嬰長久以來被視為是關乎社會衛生的行為：「必須將好的和沒有用處的分開。」塞內卡（Sénèque）[46]曾這麼說，彷彿是要為處死有問題的新生兒的舉動作辯解。[47]父親因此決定哪些是有問題的畸形兒、女嬰或不想要的嬰兒。「扶植這些小生命，他授予他們繼承者的地位。」[48]保羅，塞弗林的律師，指出幾種方式遺棄這些有問題的嬰兒：遺棄在街上，悶死或餓死。教育要用恐嚇的才行：鞭打、公開或私下的暴力和無節制的處罰「強化孩子仍具彈性的性格……他們窮盡力氣地哭與掙扎……，對他們灌輸自由主義，如果他們拒絕的話，就對他們採取恐怖的手段」。[49]

中世紀到處是溺嬰、悶死的嬰兒、棄嬰、把嬰兒賣給富有的鄰居、老爺或撒拉遜人[50]成為奴隸。

十九世紀廢除了奴隸制，但是創造了工業，孩童們開始走向生產線，微薄的薪水，奴性的順從，讓他們每天工作十五小時，捲縮在窩中，固定在轎式馬車上，或是匍匐在礦坑裡的羊腸小道中。這些孩子變成禿頭，就像今日印度那些過勞的孩童，飲食缺乏鐵質導致頭髮變金黃色，或是一些女孩子因為營養不足身體佈滿黑色毛髮，而男孩子則因壓力過大一夜白頭。

這種駭人聽聞的童工事件層出不窮，但卻從不曾被稱之為「虐待」，因為這很正常。為了不親自溺斃小孩，毆打、截肢、孤立、飢餓、羞辱、強暴或是棄養這些事實在大人眼裡看起來很正常，因為他們都被當時的想法所灌輸。神奇的是，儘管這些人童年飽受折磨，有一些人長大後並沒有複製這種粗暴的文化。他們與這樣的文化區隔出來，讓這種粗暴的文化蛻變進化。這些人或許就是第一批心理韌性的展現者。

虐待的概念一直到一九七〇年代才正式被闡述。虐待之所以能夠進入眾人爭論的核心，或許是得力於幾位展現心理韌性的大人的努力，他們曾經受到虐待，如今試圖努力推動，讓悲劇不要再繼續。雖說心理韌性的概念是近期的事情，但是這想法從有人類以來就已經真實的存在了。

可以看出，社會論述的轉變改變了兒童的命運。人們從史前時代到近代的墓塚中挖出了許多枯骨，仔細研究一下這些枯骨死亡的年齡是幾歲時，大家都因為大多數是兒童的骨骸

---

46 譯註：古羅馬哲學家、劇作家。

47 塞內卡（Sénèque in A. Gianfrancesco），《心理健康的信》（*La Lettre de la santé mentale*, n°2, 1997）。

48 出處同上。

49 維納（Veyne P.），《私生活史：從羅馬帝國到西元一千年》（De l'Empire romain à l'an mil, *in* Ariès P., Duby G., *Histoire de la vie privée*, 1985, t. I, p.29-30）。

50 譯註：中世紀歐洲人對阿拉伯人或西班牙等地穆斯林的稱呼。

而驚嚇不已。然而，自十八世紀末開始兒童死亡率下降了，這並非因為衛生條件改善或飲食條件變好，而是因為整個文化對嬰兒的想法有了轉變。只要還有人認為殺了一個一歲的孩童只是一場遲來的墮胎，兒童死亡率就還是高的驚人。只要還有人認為懂事前的孩童只是一些邪惡的動物，因意外而喪命的機率就依然很高。但是，一旦人們認為嬰兒是正在發展中的幼苗，他們很早就具備智能可以了解一大部分大人世界，我們於是發現一些簡單的行為就可以保護他們。

到十九世紀中葉為止，兒童自我發展的環境充斥著死亡的威脅。只有極少數的孩童是由自己的父母親扶養長大[51]，當時婦女平均死亡的年紀很輕，大約二十五歲，只有少數男性的壽命超過四十歲。兩個孩童就有一個是由非親生父母撫養長大。根本不必等到離婚，光是配偶早走一步就可以讓再婚這件事情變得很頻繁。如果是遇到衝突，耐心等待就可以了。但是孤家寡人獨自生活是不可能的：一個男人，早上五點要到田裡工作，晚上才會回來，沒有了太太他是無法維持生活的。

於是，通常在喪偶後四個月到半年之間他就會再婚。一個女人失去了丈夫，要如何自食其力？再說生活中處處都是技術性工作，需要男性的體力和駕馭動物才能完成，不像今日電力、石油或核能都可以取代。至於遭棄的兒童，他們的存活率到十九世紀為止都是相當低的。

科技的發明在伴侶關係的建立上扮演重要的角色。而社會論述建立了兒童發展必須遵守的規定

科技的發明在伴侶結構的方式上扮演了一個角色。[52]十一世紀，當鐵犁被發明時，人類的重量足以讓鐵犁深鑿土壤。農耕收穫量相當豐富，飢荒也就消失了。因此，婦女就能夠待在家中，小孩一生就是六七個，這在當時被視為一大進步，一種女性地位的提升。從此之後，孩童生活在完全不同的環境中。自十二世紀起以來，都是一些女性族群團體在照顧小孩，讓他們長大成人，類似像今天非洲或馬丁尼克地區（la Martinique）[53]的多元母性社會。

---

51 布琪耶（Burguière A.），〈家庭，一段歷史〉（La famille, quelle histoire），《父母學校》（*L'École des parents*, n°4, avril 1987）。

52 勒・果夫（Le Goff J.），《緊急事件》（*Urgences*, n°4, 1995, p.228）。

53 譯註：位於加勒比海，是法國的一個海外大區，下轄一個省，即馬丁尼克省。

父親幾乎是可有可無，因為他們經常不在家，而且當時社會是允許自由配對的。婚姻制度和禁慾主義要等到特利騰會議（一五四五—一五六三）[54][55]才被提議，就是在這個時期，教堂和國王正式請婦女們「公佈父親身分」。這個風俗民情的演變可以讓人看見科技和國家在父親情感的塑造上扮演一個重要的角色。一直要等到十九世紀，父親才真正融入教育單位，成為一家之主。[56]伴侶制度的建立過程逐漸穩定發展，特別是因為工廠和布爾喬亞階級需要穩定的伴侶以結構化工業社會。

於是，兒童必須在完全不同的家庭環境中發展，這些家庭環境受到當時科技與思想的影響而演變：從小團體到家庭，從放生到過度保護，從放任到約束，從受虐到溺愛，這無數種的形塑方式最後當然製造出傳遞生命、傳遞文化的人。因此，心理韌性早已是演變的規則了，否則我們就不會在這裡談論，不過這是第一次有人提出來反思。

即使我們無法自歷史中獲得教訓，採用比較的方法可以釐清我們的問題。今日，西方對兒童的關注有過之而無不及，這是什麼意思呢？這意味著，透過觀察科技的進步，我們能夠對兒童早期的階段有進一步的認識，再加上集體論述把個人的展現視作一種文化價值，也有推波助瀾的效果。印刷術的蓬勃發展也讓學校能夠賦予學位證書至高的權力，重新建構社會階級與不平等。科技的發展之下，我們居住在人造生態的環境中，不再需要靠肌肉和蠻力生活。尤其，靠醫學科技而繁衍後代完全改變了生命的意義。女孩子不再是僕人，男孩子也不再是老人的支撐，孩子的任務在於實現我們的夢想，接著成為一個大人，然後離開我們，因此與親生父母之間的關係減弱。

遷徙運動實踐了自然的實驗，讓我們可以觀察伴侶的結構如何演變，為何他們實踐了堅定不移形式。三十多年以來，象牙海岸不斷遭受經濟束縛與科技進步下人口往都市外移的困境。一九六四年以來，一條關於婚姻的法規完全改變了伴侶關係。[57]在此之前，相親而結合的婚姻具有延續宗族群體的結構、技術和傳統的傳承等功能。情感功能在這些伴侶之間只是次要，甚至談不上什麼情感，伴侶的形成只是為了傳宗接代。自一九六四年起，伴侶開始是因愛而結合，而不是因社會規範而配對。這些新一代的伴侶所生的孩子如今都超過二十歲

54 弗朗德翰（Flandrin J. L.），《古老社會中的家庭、父母、房屋與性》（*Famille, parenté, maison, sexualité dans l'encienne société*, Paris, Hachette, 1976, p.220）。

55 譯註：羅馬天主教在此期間召開的大公會議。

56 克尼比勒（Kniebihler Y.），《父親演變史》（*Les pères aussi ont une histoire*, Paris, Hachette, 1987）。

57 巴希胥（Bassitche A.），〈家庭關係的演變與社會變動的關係：以象牙海岸為例〉（L'évolution des relations familiales comme indicateur de changement social en Côte-d'Ivoire），《法國社會心理學與精神病理學協會期刊》（*Bulletin de l'Association française de psychologie et de psychopathologie sociale*, printemps 1991）。

了。這些孩子在一對因愛結合的夫婦養育下成長與發展自我，這樣的結合注重個體的幸福，而不是尊崇傳統。

祖母留在鄉下，而年輕的婦女獨自待在都市，一代之間就忘記了那些嬰兒出生必須進行的儀式。此後，形塑孩子的力量都來自母親的人格，而非群體的傳統。孩子所處的情感結構在人格形塑上扮演重要角色，這個情感結構也不再一樣。當年輕人相遇，因為愛而共同生活，他們偏重的是個人，而不是團體。也因此，當伴侶之間出現分歧，他們依然講究個性充分的發展，也不避諱協議離婚。

聯姻下的伴侶之間感情淡薄，但卻足以維繫伴侶的關係，因為這個關係有社會為依據。相對的，濃烈的愛情是新式伴侶不可或缺的因素。孩子在這種因愛結合的環境中成長，活在熱絡的愛情牢籠之中，父母親是戀愛結合，比較不受傳統制約。社會所扮演的角色比較不明顯，父親的角色比較無法有文化中的定位。十歲左右，有一大部分的孩童經歷了父母離異的冰冷。

本來就不常出現的父親如今更不見蹤影。含辛茹苦的母親變得不堪負荷。而傳統家庭既不識於日常生活，也未見於敘述中，無法接續，也無法傳承。父母親的文化在科技與法律的改變也解釋了，有多數兒童，在經歷過溫柔的愛情牢籠之後，驟然掉入情感的沙漠，文化環境也未能充當臨時接替者。

儘管他們的人格有明顯的成長，我們還是可以觀察到憂鬱症和自殺率有明顯增加，幾乎是單親和重組家庭的兩倍之多。[58]這些考驗的原因並非家境清寒，因為這樣的考驗在社會中的各階層都時有所聞。這樣的遭遇主要來自於情感機能的喪失，因為這些孩童從家庭牢籠走向社會暴力，而少了文化環境的過渡。

大家庭時代見證了父母親道德，這樣的時代在西方已經沒落了。個人文化不再把這種大家庭視為一種價值，因為在這種處境下，父母親必須奉獻心力全力扶持小孩。西方今日的道德價值在於對個人的尊重，為了讓個體得以發展，需要限制小孩的數量，由於個體性重於一切，於是離婚也變得可能。這是兩種完全相反的存在政治，無法說哪一種方式優於另外一種。

這個思考可以使人了解，兒童花了一些時間在改變方向，大人提供他們發展的環境取決於我們對他們的想法。隨著科技的發展日益蓬勃，個人發展的可能性不斷在改變，法令也

58 隆哥羅亞（Langlois G.），〈以孩子和父母為首要〉（Les enfants et les parents d'abord），《醫學衝擊》（*Impact médecine*, n°30, novembre 1998）。

試圖跟隨著調整，確認發展的路線或禁止其中的一些發展路線。在一個兒童死亡是很自然的事，或暴力是一種適應上的問題，殺嬰和強暴都沒有被治罪化[59]的背景中，虐待的問題並未被思考。孩童的命運不是死亡，就是受苦受難，再不然就是發展出自己的心理韌性，以便走出這些災難。

相反地，在一個兒童不多的文化中，個人都有其獨特的價值，受虐的事情是不能容忍的，研究可分為三方面進行：標示出虐待事件，描述事件情況；觀察受虐兒後來的發展，理解後續產生的效果；嘗試發現照料受虐兒童的方法。

想法的演變是一件令人玩味的工作，因為這工作在於闡明一個原本就存於真實中，但沒有人意識到的現象。畢竟這個現象無足輕重，很容易和周遭的文化混為一談。當棄嬰事件層出不窮時，所有人都無法把這樣的事情視作犯罪，因為大家都這麼做，至少在一九一四年以前。他們遭人毒打，遭人灌醉，工作過勞，也遭到性侵，但是大人是不會受到處罰的，因為一九四一年以前這種事情「大家都在做」。為了對抗這種嚴重的社會苦難，工業化的英國建造了慈善的學校機構，收容來自濟貧院（Work houses）[60]的孩童。虐待在這裡根本是不可想像的事情，何況這是一所社會福利機構。只有邊緣人和忘恩負義的人如狄更斯有勇氣說出人們在那裡所吃的苦頭。

一八七〇年普魯士戰爭大獲全勝之後，將鐵的紀律奉為教育方針。在學校和宿舍裡，身體的苦痛與磨難是常有的事。英國許多高中一直到近幾年才停止那些痛苦恥辱的體罰。法國這邊也不遑多讓，許多教會學校把託付給他們的小孩關入地牢數天，讓他們心靈飽受折磨與虐待，還說是以道德之名呢！

這些小孩遭受磨難，學會了對部隊、宗教和學校的仇恨。[61]然而，大多數人都能走出這段陰影，且經常回頭感謝那些殘酷的教育執行者對他們的塑造與磨練，使他們能面對人生。

一個新式的概念：虐待

一八八九年，有些法國人開始思考，認為虐待兒童是不好的行為，頒布了最早的法令，

59 維加賀洛（Vigarello G.），《強暴的歷史—自十六到二十世紀》（*Histoire du viol XVIe-XXe siècle*, Paris, Seuil, 1998）。

60 譯註：濟貧院、濟貧工廠是在英國和愛爾蘭高度發展，專門為窮人提供工作，為弱者提供生計的機構。

61 茱麗葉（Juliet C.），《不速之客》（*L'Inattendu*, P.O.L., 1992）。

嚴懲那些對兒童施虐的父母親。[62]

一直等到一九五〇年一位腦神經外科醫師（英格拉姆〔Ingraham〕），一位兒科醫生（卡菲〔Caffey〕）和一位放射科醫生（史勒福門〔Silverman〕）描述了關於經常性毆打造成不明的骨骼損傷。醫生闡明了虐待這個觀念，這讓「正常人」得以思索那些無法被言說的事情。醫生的專業形象和認證許可提供了有力的證據，有助於大家正視虐待這一件事情。相對的，亞美尼亞居民逃避土耳其的迫害，或是從奧斯威辛集中營歷劫歸來的兒童對於經歷過的遭遇完全沒有證據可言。同樣的，今日那些盧安達孩童也沒有任何關於大屠殺的照片，行政命令或是文件證據，可以證明一整個滅族的慘案。

事實上，這個運動始自一九六二年，當時一位兒科專家肯普（R. Kempe）出版了《受虐兒童症狀》（*Le Syndrome de l'enfant battu*）。後來，兒科醫師皮耶．史托斯（Pierre Strauss）和律師讓－皮耶．羅森茲韋格（Jean-Pierre Rosenczveig）參加了由賈克．巴洛（Jacques Barrot）所成立的一個協會，後來促成了一九八九年七月十日通過的法規，當時的部長海倫．朵拉克（Hélène Dorlhac）也相當支持。[63]如今，許多協會（例如法國虐兒相關資訊和研究協會〔AFIREM〕；童年和分享〔Enfance et Partage〕；法國心理健康協會〔Ligue française pour la Santé mentale〕）在幾位知識界明星，如皮耶．孟修（Pierre Manciaux）和米歐爾．勒梅（Michel Lemay）的啟蒙之下，對於虐待和復原的概念，即心理韌性，逐漸有詳細的描述。

列舉了這麼多的事件，固然枯燥瑣碎，卻提出了一個值得探究的問題：最困難的莫過於思考尚未被思考的事物。最初期的見證總是會引起不以為然的反應。把行兇的人形容成離群索居的，嗜惡成性，猙獰不堪，一眼就可看出，要這樣想再簡單不過了。顛覆這樣簡易想法的人反倒會被指責離經叛道，比方說指出，大多數的罪行是發生在家庭（百分之九十七點五），而非外面[64]，或是說，犯罪者通常有一張姣好的面貌，亂倫的父親通常為人和善。

當一個前所未見的想法被幾個先驅提出來，這些想法通常會惹來爭議，但是漸漸的這個想法會變成廣為認同的理念，成為一種文化思想。於是，大家開始發現所謂的家暴或亂倫到處都是。

---

62 史托斯（Strauss P.），〈虐待：誰？為何？如何？〉（Maltraitance : qui, pourquoi, comment ?），收錄於《遭荼毒的童年》（*L'Enfance maltraitée*, Paris, Syros, 1996）。

63 譯註：該法規是有關於未成年人的虐待和兒童保護方面的預防措施。

64 馬松中校（Lieutenant-colonel Masson），「聯合國兒童基金會」研討會（Journée UNICEF），拉加爾德（La Garde），一九九八年十一月五日。

一份報紙會製造假數據，故意說有四十萬兒童受虐；女性為了讓離婚得逞，不惜控告丈夫染指自己的小孩，年輕女孩把房門緊閉[65]，因為害怕父親對他們有非分之想。

只要一個特殊情況依然在社會理解之外，否定的機制就會持續發揮。話說回來，要收編一件例外事件的確不容易：第一，人家不會相信，因為這事情無前例可循；第二，人家太過於相信，正因為此事太過於特殊。因此，提出數據，或是公布虐童排行榜根本是荒誕一場。虐待的概念取決於文化環境對這個概念的態度，或隱而不談，或大行其道。遭受苦難的人則可以遭人唾棄，或引以為傲，一切也是看文化環境怎麼利用這場悲劇，是要使人發笑呢，還是要別有用心。最應該做的還是了解受虐兒的內心世界，以及他們的演變。

人的知識越是有限，就越是信誓旦旦，深信不疑。質疑一場知識可以帶來交流的樂趣，而極力反對一個想法，反而將對方斥為騙子、瘋子或傻子。捍衛一個想法比創造出一個想法還要容易生氣憤怒。大眾的想法具有一種宗教功能，而非理智功能：講同樣的話可以讓我們更加相愛，擁有同樣的世界觀。這也是為什麼我們心裡總是充滿著窠臼或老套的想法。於是大家異口同聲地說：「這些受虐兒童都是一些敏感的人……他們充斥在監獄裡……他們已經麻木不仁了……他們衝動任性。十九世紀時，私生子像是惡魔生的一樣，二十世紀時，我們稱之為『劣等生』。在楚浮的年代，這些孩子被認為是有性格障礙的[66]，如今，大家都說他們將會複製虐待的行為舉止，他們會虐待小孩，就像自己曾遭虐待那樣。」

刻意不看見發展心理韌性的兒童

觀察一群受虐孩童，經常與他們碰面，時間愈長越好。這種方法就是所謂的「歷時性病史研究法」：「可以觀察一個群組中同樣型態侵害主體的行為，並檢視這場侵害後續的一些效果……」[67]

當我們研究這個議題時，我們最感到驚訝的是，受害者在後來二十到五十年的變化和當年受理照顧者的見證之間存在著落差。所有的專家學者所講的，正是我長期在做的：「虐待行為會在世代傳承……受虐者也會變成施虐者……機構裡的這個女孩，我先受理了她母親，接下來受理這女孩……」。這些說法都是真實的，但是卻有許多資訊收集上的謬誤，暫且

65 安娜雀拉（Anatrella T.），《瓦隆城堡的星期五》（*Vendredi de Châteauvallon*, 1995）。
66 波曼（Baumann D.），《遺忘者的記憶》（*La mémoire des oubliés*, Paris , Albin Michel, 1988）。
67 史托斯（Strauss P.），孟修（Manciaux M.），《受虐兒》（*L'Enfant maltraité*, Paris, Fleurus, 1993, p. 570-571）。

稱之為「專業主義的偏頗」。專業人士往往僅收集一些問題案例，重複地講述虐待，同時又可以透過這些案例來闡釋自己的理論。其他那些走出創傷的過來人就走著他們自己的人生路途，遠離這些專業人士的活動圈。

因此，我們有必要進行一些實地研究，走出實驗室，走出機構體系，直接和那些昔日受虐的兒童進行晤談，再說，這些兒童也不見得能與理論吻合。

當我們說受虐兒長大之後也能脫胎換骨，成為有用的人，但這並不是說，我們可以虐待孩子，把他們磨練成為茁壯的大人。即便童年遭受羅馬尼亞集權主義傷害的塞吉．莫斯科維奇（Serge Moscovici）也曾說：「對於我曾成功逃亡或對他們不告而別的經驗，我依然感到訝異……我同情那些童年幸福美滿的人，他們沒有需要克服的挑戰。」[68]

我們的文化總是呈現那些悲慘的個案，藉此壯大了大眾的社會論述。而那些不見天日的心理韌性內在探險其實俯拾皆是，只不過尚未被仔細分析。

這種專業主義的偏頗正好可以從一九四六年當時主要的研究突顯出來，當時研究軸線主要是情感的匱乏。[69]

這個精采的研究，優雅、明確地呈現「最初幾個月」[70]的母愛匱乏會如何導致一連串的行為反應：第一個月，孩童變得啼哭不止，緊緊纏著觀察員。第二個月起，他們排斥與人的接觸，開始面黃肌瘦，也有失眠症狀。第三個月，他們變得面無表情，心不在焉，精神麻木。接著，他們索性平躺著，讓自己死去，即使別人拿東西給他們吃。倖存者出現明顯的精神運動性遲緩症，變得虛弱且出現犯罪行為。

以上的描述，照顧過棄兒的人也會有同感，但還是需要簡短的評論。這份研究完全進入我們文化的期待之中，我們經常看到，參訪監獄的研究者總會聆聽這些因缺乏情感關懷的罪犯解釋心路歷程。

有兩個點從未被提起。一九四六年，史匹茲（René Spitz）醫生[71]提出了修復的可能：「如果我們將母親歸還給她的孩子，或者成功地替嬰兒找到一個可接受的替代者，混亂的症

68 莫斯科維奇（Moscovici S.），《迷失的那幾年日記》（*Chronique des années égarées*, Paris, Stock, 1997, p.8）。
69 史匹茲（Spitz R.），〈依賴喪失憂鬱症〉（Anaclitic depression），《兒童心理分析期刊》（*Psychoanalytic Study of the Child*, New York, n°2, 1946, p.313-342）。
70 拉普朗虛（Laplanche J.），彭大歷斯（Pontalis J.-B.），《精神分析辭彙》（*Vocabulaire de la psychanalyse*, Paris, PUF, 1967, p.24）。
71 譯註：美國心理醫師，心理分析師，出生於匈牙利，關注嬰兒和母親的問題。
72 出處同上。

狀可以迅速地消失。」[72]特別的是，大家都沒有讓數字本身說話，也從未關注個別回應彼此的特殊性與多樣性。在一百二十三位失去母親的嬰兒之中，其中十九位發展出時有所聞的心理依賴形式，有二十三位遭受可逆性心理情感的混亂[73]，換句話說，有三分之一會變成眾所皆知的那種嚴重或致命的轉變，而有三分之二的人慢慢地復原了。沒有人對那些遭受侵害，卻克服難關的八十一位兒童有興趣。這些孩子也不存在心理文學之中，因為他們已經擺脫逆境了。

我們的文化總是照亮不幸的遭遇。這並不意味我們對於痛苦已經無感了。相反的，強調情感消失帶來的暴力正是一種文明的特徵。視察他人的痛苦是一件被重視的事情。換作是在一個對暴力習以為常的環境中，人們不見得會意識到這樣的事件。在一個本身就是暴力的文化中，暴力很容易被遺忘或不被追究，同樣的，在一個不允許暴力的社會中，暴力自然不再被認為理所當然。我們之所以對苦難特別敏感，這證明了我們的文化追求幸福。不再縱容暴力，這證明了暴力不再是一種價值，甚至也不是什麼必要的力量。[74]

這樣的道德批判本身具有矛盾不一之處。我們不斷地講述不幸的苦難，我們反覆闡述那些難以忍受的暴力，像是犯罪、強暴或是世界各地的凌虐事件，最後我們反而住在一個言語再現的世界之中，其中充斥著我們對抗的事物。於是，我們感到噁心，我們可以憤怒，有時也可以愉悅，我們的喜怒哀樂都是由周遭的敘述、電影、小說或辯論所牽動。

初次與走出創傷的孩童會晤

心理韌性的研究可以讓我們關注這一群走出傷痛的人，而且不會讓創傷的嚴重性變得相對化。這些研究提出一種比較方法，可以從這些心理韌性的勇士那邊偷學兩三個祕訣，來對抗逆境，甚至重新站起來。

歷時性方法和歷史溯源方法似乎特別能夠採集到這方面的資料。為了評估虐待產生的普遍效果，必須針對一群受虐孩童和一群受到良好照顧的孩童進行比較研究。

喬治・瓦雍（Georges Vaillant）研究一群社會優勢的青少年的未來變化時，找到了訣

73 瑞克—亞洛（Radke-Yarrow M.），薛曼（Sherman T.），〈困難中成長：求生存的孩子〉（Hard growing : children who survive）收錄於《危機和保護因子在精神病理學的發展》（*Risk and protective factors in the development of psychopathology*, Cambridge University Press, 1990, p.98）。

74 米修（Michaud Y.），〈暴力：規範的問題〉（La violence. Une question de normes），《人類科學》（*Sciences humaines*, n°89, décembre 1998 , p.20-25）。

窺。在一九三八年，有兩百零四位十八歲的學生，剛進入哈佛大學就讀，他們成為研究追蹤對象，研究期長達五十年。每兩年有一天在哈佛大學裡，追蹤他們的身體、心理狀態和社會發展情況。並於一九九〇年起發表了相關他們生命經歷的情況。[75]

這一些男性青少年之中——由於當時哈佛大學沒有女學生——其中二十三位在六十三歲之前死亡，其中五位死於二戰期間。八位失蹤。三十九位受飽受嚴重的心理問題所苦：其中十一位患嚴重憂鬱症，意志消沉，失去生活重心；六位患有情緒障礙，有的是幻想症，有的是憂鬱症；二十二位罹患嚴重心理疾病，妄想症或思覺失調症，再加上那八位失蹤者，將近有百分之二十三的研究對象患有心理障礙。

從這個追蹤五十年的統計情況來看，同時也把自行療癒的時間也算上去，可以說，這世界上最優秀的年輕人當中幾乎有百分之三十的人曾遭遇到生存困境與痛苦。

如果這項工作的結論只是要確認，所有人的生活都是同樣艱苦，這樣的結論卻無法解釋為何花了這麼多的預算。於是，研究者嘗試理解人生成功發展者的正向防衛的機制。每兩年在哈佛大學進行的測試和會晤，可以劃分出兩個相反的族群：在兩百零四位研究對象之中，瓦雍分析了那六十位生命經歷中恆常是幸福美滿的對象，和另外六十位遭遇最大的心理障礙者。研究結果得出兩個驚人的發現。

第一個驚訝之處在於，通常童年艱困者長大成人後卻是最有成就的人，或許是因為十八歲時，他們因為人生的經歷與考驗而啟動了正向防衛機制。相反的，那些童年受到過多保護的人遭受較少的人生試驗，不需面對遭遇的問題。

第二個驚人發現在於，最常在人生成功者身上找到的防衛機制和那些遭受虐待後來展現心理韌性的人是一樣的機制：

——情感昇華：活著的力量被引導到社會價值的活動，例如藝術活動、知性活動或是道德活動。這個由社會帶動的活力可以讓心靈受創者，不論大人或小孩，避免壓抑，且能完全表達自己，為所有人追求最大的幸福。

——情感的掌控與昇華連結在一起：不是生氣，不是失望，不是反覆思索，也不是突然暴力相向，來滿足即刻情緒。而是妥善安排時間，有能力延緩慾望的實現，將慾望轉化，讓

---

75 瓦雍（Vaillant G. E. and Vaillant C. O.），〈男性心理健康史。為期四十五年的研究，如何成功地走入老年〉（Natural history of male psychological health. A 45 years study of predictors of successfull aging），《美國心理月刊》（*American Journal of Psychiatry*, n°147, 1990, p.31-37）。

慾望變得可接受。

利他主義是這一群人的特性。全心全意貢獻給他人，不但可以使人避開內在衝突，也可以獲得他人的欣賞。從中獲得的回饋是不可計數的，這當然是一件有益的事情。

幽默也是相當珍貴的防衛表現。把創傷事件講述給他人聽可以讓人與事件保持距離，而不是讓災難的經歷損害自己，甚至也可以從再現的敘述中提煉出演戲滌情的益處。

最後，受虐兒當中，憂鬱症日後復發的機率大約是百分之二十五。這個龐大的數字符合一般族群，甚至是優勢族群中發生憂鬱症的百分比。

所以呢？這是否是說虐待與善待就沒有差別了嗎？如果只讓數據說話，可能就會得出這樣的詮釋。惟一可以解釋這個矛盾問題的或許就是以心理韌性的角度來理解。所有的孩子在發展的每個階段都存在著修復的可能，或是創傷惡化的可能。

我們在大學的片段抽樣突顯了專業主義的偏頗。臨床醫生描繪出受虐者千真萬確的症狀。然而，受虐兒一旦能夠脫離困境，他們反而不再是這些臨床醫生掌握的對象，醫生也往往忽略這些受創者經歷的正向蛻變。

這並不是說虐待沒什麼大不了。受虐是一場苦痛，但這種苦痛往往會驅使個人動用自我人格中最神聖的部分來抵抗，來捍衛，同時製造出更多的人性。

直接觀察的陷阱：成果理想，並不代表過程沒有痛苦

不論文化、父母的社會文化水準如何，即刻性的混亂卻是可以比較的。看得見的暴力帶來的傷害，並不比看不見的情感匱乏造成的影響來得多。這些孩子的世界會有息息相關的主題：為什麼別人要侵害我？誰可以好好愛我？不幸的遭遇存在孩子生命的每一天，即使施虐者已經不在了，那種悲慘的感覺依然存在。然而，很少有臨床醫生意識到這個事實，孩子的性格障礙在人格發展進行的期間，一直都在變動的，他們通常是轉換成大人的人格之後才更加穩定。

為了自我防衛，孩子經常將侵犯行為和早熟連結在一起。這兩個特徵會引發一些行為規劃，讓他們得以適應一個不利於他們的環境。如果不是這樣的自我防衛機制，惡劣的環境早就將他們吞噬。但是，這樣的防衛必須付出代價。侵犯行為並沒有被矯正。一個在安定環境成長的孩子做什麼事情都有信心，遇到侵犯時也懂得回擊，而一個情感闕如的孩子缺乏活力，死氣沉沉，無動於衷，有時會突然情緒失控，對那些愛他的人惡言相向。

戰火下的兒童，他們的想像世界裡充斥著被炸彈摧毀的屋舍、斷手斷腳的畫面，在這些斷肢的周圍，他們還會仔細地畫出一灘血，還幫衣服著色。[76]他們還能如何呢？他們的想像力是從他們經歷的事件汲取靈感，同時這些事件也讓他們變得敏銳。同樣的道理，受虐兒的想像世界充斥著兇惡的大人，而這些人是他們想要取悅的。虐待狂會對所愛的人施虐，從中獲取一種難以言宣的愉悅感受。而受虐兒並未感受到愉悅，因為他們一感到自我滿足就會自我懲罰。事實上，他們試圖證明自己並未遭到虐待。這是一種解放的希望，而不是因痛苦而感到愉悅。受虐兒會想像出一個施虐於他人的場景，不過這種情況不會持續太久，只要周遭有人引導他以其他方式表達。

有好幾年，小塞邦住在外西凡尼（Transylvanie）[77]的一間六十人居住大房間裡，在這裡他經歷了寒冷、飢餓，還有一些從不與小孩交談的大人們拳腳相向，甚至還有大人以及清潔婦對他性侵。面對這些層出不窮的暴力，他僅能消極以對，不是被叫去吃牆面的塗層，就是去舔鞋子。十二歲那年，他被法國南部的家庭接待，此後的發展令人嘖嘖稱奇。短短幾個月內，他學習了語言，整個人變得輕鬆愉快，極富冒險精神，而且熱衷上學，直到有一天，原本的老師因病請假，一位美麗的女教師來代課。塞邦為她著迷不已，試圖對她進行惡整。因為這樣做正是對自己證明，由於愛情的關係，他不再是個遭受凌辱的孩子。這回他可以變成施暴者了。數日的惡搞之後，就像許多惡劣學生會做的，女教師逃出教室在走廊上哭泣，而塞邦看到她眼睛紅了而感到失望，重新開始自我沉默，如同他幾年前在羅馬尼亞時一樣。一個虐待狂通常會因為把對方弄哭而感到愉悅滿足。塞邦則是感到失望，而且不斷地自我處罰，而不是處罰他心儀的女人。

即使今天塞邦都已經通過會考，獲得哲學教師的職銜了，他依然對於弄哭這位女子懊悔不已。然而就算在街上遇到這位女子，他也不見得還認得出來。

這樣的轉變並不少見，和我們所聽到的不同。情感上的混亂會持續很長的一段時間，因為孩子會吸引那些虐待他們的人，也會虐待那些吸引他們的人。但是，理想化和理智化機制很早就開始啟動，保護著這些孩子。矛盾地，當我們將他們與施暴的父母親分開，我們突顯了他們的理想化機制。他們因此開始幻想原本想要認識的完美父母。

每周五夜晚，安傑羅有錢的父母親，會把這個十歲大的兒子綑綁在床上，再從容不迫

---

76 布洛納（Brauner A. and Brauner F.），《戰火下兒童的畫作》（*Le Dessin de l'enfant dans la guerre*, Paris, Expansion Scientifique française, 1991）。

77 編註：位於羅馬尼亞中西部地區。

地出門參與冬季運動。這孩子惹過太多麻煩！周日晚上，當他們曬得一身古銅色歸來，他們把安傑羅鬆綁，叫他去洗澡還一邊毆打他。他好髒啊！後來是那個小妹向鄰居揭露了這個悲劇，小妹一直都在父母親身邊。安傑羅後來被帶走，安置在一間收容機構。二十年後，他不僅沒有報復，每周日還貢獻心力，幫忙修復整理父母親漂亮的房屋。事實上，他修復的是一段理想的關係，因為他企盼父母親在假期結束返家時，會為他所做的工作感到驚喜，從而喜愛上他。這種情感策略讓安傑羅感覺舒服許多，他因而避免了仇恨，並且以美妙的幻想填滿他的內心。但是他所建造的不是一座陽台，而是一個「假我」，在現實生活中著手一段不真實的關係卻是他極度需要的。為了修復童年的情感缺乏，他變成水泥工，如果是他真正的人格可能會傾向於提出一些實際的問題。

理智化會帶來比較實際的益處。面對一個無法忍受的衝突處境，受創者必須試圖去理解。「沒有危險威脅時，迷糊的行徑都無傷大雅」[78]，安娜．佛洛伊德說。但是面對危險時，我們必須認識施暴者，才能知彼知己，百戰百勝。心靈受創者勢必要經歷這種理智化的過程，他們「會把他們自己的問題轉變成世界的問題。」[79]

尋求抽象有時會有危險，因為會使人與世界隔離，而且受創者也有可能使用抽象來羞辱那些無法理解的人。然而，這個防衛行為在我們的文化中相當被看重，尤其是學校，因此往往可以帶來可觀的益處。

首先，情感修復了。這些孩子在受虐的過程中，因不幸遭遇讓他們變得麻木，貶低了學校的價值，對他們而言，學校沒有什麼意義，甚至是可笑的。和晚上家裡等候他的一切，畢達哥拉斯定理根本荒謬虛幻。相對於父親酒後的暴力，學習過去分詞的文法規則顯得可笑。但是一旦出現一位大人和他們編織起一點關係，這些孩子會重新重視學校。當研究者只選擇在虐待期間作定時觀察，他們自然會下結論說，這些孩子因不幸遭遇而變笨了。這是真的。但是當我們走出實驗室，走出慈善機構，當我們收集孩童後來的發展情況，當孩童向我們描述他們的生活故事時，我們發現「這些青少年非常專注在他們的學業之中」。[80]

家變成了恐怖的場所，而學校則變成幸福的場域。學校裡有同學和老師，他們講話溫

78 安娜・佛洛伊德（Freud A.），《自我和防衛機制》（*Le Moi et les Mécanismes de défense*, Paris, PUF, 1936 ; rééd. 1993）。

79 桑德勒（Sandler J.），一九八五年，引自伊歐奈思科（Ionescu S.），賈柯（Jacquet M.），洛特（Lhote C.），《自我防衛機制》（*Les Mécanismes de défense*, Paris, Nathan, 1997, p.205）。

80 米諾（Mignot C.），史托斯（Strauss P.），〈針對一群幼年受虐兒童未來發展之長期研究〉（Étude du devenir à long terme d'une cohorte d'enfants maltraités dans leur première enfance），法務部，法國虐兒相關資訊和研究協會（AFIREM），一九九一年。

和有禮。學校可以提供娛樂，使人社會化，也讓人有心學習知識。在這樣的脈絡下，學校變成溫暖的地方，充滿歡樂，也提供希望。某些受虐兒童的學業表現甚至優於一般群體。[81] 對他們而言，日常生活像是地獄，學校反而是天堂，有利於自我防衛機制的產生與匯聚：除了可以提供情感上的復甦，自我價值的提升，也有利於理想化與理智化的展現，賦予他們行動力，給予他們反敗為勝的希望，賺錢以掙脫貧困……這一切都給予這些兒童一種病態的勇氣，使他們積極想要獲取學位，因為學位就是可以療癒一切的慰藉：「我在學校表現不是很理想，但是我不害怕工作。對我來說，勞役不算什麼，日後我想成為社會工作助理。」這樣的論述經常可以在他們身上看見。

這些防衛需要有人伸出援手，有人走進受虐兒的周遭，使他能夠重新編織自我的存在。這也是為什麼「縱向研究」特別能夠評估受創兒童未來的發展與變化，以及應該提供什麼讓他們得以自我修復。修理的想法經常被使用，具有司法的涵義，甚至也可以是汽車修理領域的字彙，而修復的觀念比較能夠描寫心理韌性的現象。當一幅受到惡劣氣候而毀損的畫被修復了，我們參與的是一項美化工作，有時是轉化，因為顏色變美、變得清新，卻不再是原始的樣子。這種情況下，重點在於理解這幅畫在遭受惡劣氣候糟蹋之前的模樣，以及它所歷經的修復過程。

網絡的編織永遠不會是單一線性的型態。網絡通常是交錯纏捲，甚至是扭曲變形的。二次世界大戰期間，倫敦大轟炸的時期，桃樂絲．柏林翰（Dorothy Burlingham）和安娜．佛洛伊德特別研究了關於「孤兒」歷經大屠殺後的心理病症，她們很快地在早年情感缺乏和後來的即刻心理病症[82]之間建立起病因和病症間的因果關係。即刻心理病症例如：體重驟降、個頭矮小和括約肌的障礙症與語言遲緩。

■ 一般人都認為：「創傷越早，效果越深遠」，我們認為：創傷來的早，只會帶來初步的後果，但如果家庭周遭不斷覆述，效果有可能會持久

赫內．史匹茲和約翰．鮑比是最先提出情感早年匱乏會帶來深遠影響的人。這類型的思考對於精神分析師來說早已不陌生，但是不見得能夠被我們的文化所接受，我們的文化總是

81 出處同上。

82 柏林翰（Burlingham D.），安娜．佛洛伊德（Freud A.），《孤兒》（*Enfants sans famille*, 1948 ; trad. française, Paris, PUF, 1949）。

認為：「這一切都是過去的事情了」，彷彿我們沒有記憶，彷彿我們的歷史對我們的自我認同和決策沒有作用。面對這些發現，最堅持敵對立場的應該就是瑪格麗特・米德（Margaret Mead）[83]，她認為這只是一種意圖將女性留在家裡的手段。

今日，立場又變得更有些細微的差異。左拉（Émile Zola）創立的梅當托兒所和其他「兒童託管」中心其實都類似羅馬尼亞、俄羅斯和中國的孤兒院。所有認為孩童不需要場所來發展自我的人索性把孩童孤立在偌大的建築物裡面，最終引發了一種感官、情感和社會關係缺乏的情境，小朋友喪失能夠人性成長的機會。

一旦孩子身邊出現幾位發展的監護人，他的復甦與重振的轉變明顯可見，已經不再是早期匱乏會帶來永久效果的關係了。但這也不意味受虐者的組織機能或心靈深處沒有留下痕跡。塞吉・勒波維奇（Serge Lebovici）追蹤了自一九五〇年到八〇年期間，二十多位由患有產後憂鬱症的母親扶養長大的兒童，他發現他們創傷程度嚴重，遭受慢性憂鬱症所苦，發育遲緩，往往在三十歲以前就自殺身亡，或死於疾病引起的「意外」。[84]

這些孩子經歷了災難性的演變，因為母親的災難圍繞著他們，形成一種「情感生態」，使他們無法自我發展。這些孩子的經歷多半坎坷，因為母親遭受的苦難像是一場情感生態，糾纏著他們，使他們無法自我發展。後來到了一九七〇年，只需要讓這些孩子住院治療，母親就會因為有安全感的支撐，母性受到激發，又能夠自發性提供孩子們發展所需的支柱與扶持。之後，他們的發展就不再那麼悲慘。

但是必須區分創傷的直接效應和由創傷的再現引發的效應。小瑪莉在母親抱著她跳窗自殺的巨大衝擊之下存活下來。所有人都驚訝於瑪莉的復原能力、活潑個性和人際關係能力。直到有一天，孩子解釋是她在窗戶上彎腰，母親因為想要抓住她而墜樓身亡。創傷直接帶來的後果可以輕易地由小女孩周遭溫情的對待而彌補回來。在此之前，早期互動的良好特質已經讓她學會建立歡樂愉快、安全信賴的人際互動。然而，當她能夠想像死為何物時，她開始把過錯攬在自己身上，因為她覺得自己是母親的中心，母親發生的事情自己難辭其咎。早期良好的關係編織讓她可以修補這場悲劇帶來的直接後果。然而，同樣的這道連結也在她心裡產生了罪惡感，對母親的死亡感到歉疚不已。我們也可以猜測，這股想像的罪惡感接下來肯定會侵擾著她，讓她產生許多自我懲罰的劇情。

---

83 米德與其他（Mead M. et coll.），《成長與文化》（*Groth and culture*, New York, Putnam, 1948）。

84 勒波維奇（Lebovici S.），〈關於早年分離的長期影響〉（À propos des effets lointains des séparations précoces），《腦神經心理學文摘》（*Abstract Neuro-Psy* , n°145, mars-avril 1996, p.35）。

創傷的修復是由於早期人際互動的品質，也由於社會組織的介入，讓有心的大人扮演了救援者的角色，對這些兒童伸出援手。這場「編織」推論更符合我們在醫院裡看到的繁複多樣情況。兒童的確會因為家庭環境惡劣而身心俱疲，飽受折磨，然而，能夠從創傷中走出的人通常來自較理想的社會環境。[85]

但是這種推論又顯得太過於單一考量。我們不能說：「這些創傷兒童能夠走出災難是因為父母親的收入較高。」用心理韌性的角度來理解，我們應該這麼說：「當這些兒童遭逢變故，他們都更能挺過難關，因為他們人格發展初期有舒適又安全的家庭生態環繞，提供穩健發展的基礎。」換句話說，有些社會環境一樣可以提供這樣的家庭生態，即便沒有可觀的家庭收入。然而，除了創傷直接效應的修復之外，還要加入創傷再現製造出的修復。學院式的論述總愛說：「你完蛋了，因為你幼年受到傷害，而科學顯示這是無法挽救的。其次，你的父母親基因品質較差。最後，你的社會發展不健全，已經沒有什麼好盼望了！」因此，除了創傷直接的影響，還要再加上來自於社會再現的創傷。唯一不同的地方在於：與目前我們文化講述的正好相反，生物效應通常是可以修復的，因為大腦的可塑性很大。問題是，學術論述帶來的效應只能透過改變社會論述才能修正自身，而這需要好幾年，甚至好幾個世紀之久。

童年失怙的哀悼會累積這兩種創傷特質。當情感生態因父母親驟逝而瓦解，孩子必須費盡苦心重新建立連結。但是當社會論述對他說：「這是一個可憐的孤兒。他完蛋了。出於一片好意，我們會把他送到救濟院，最後他會在農場工作。」社會在孩童的發展路上又給他增添了一道無形的束縛。這樣的雙重侵犯或許解釋了為何幼年失怙的孩子，日後人生中罹患憂鬱症的比例比一般兒童高出四倍。[86]

然而，究竟是哪些因素使他們的發展與變化走向惡化呢？是早年情感匱乏在腦中留下的痕跡嗎？還是社會再現將孤兒框限在低下的社會階層？腦中的痕跡是可以修復的，羅馬尼亞的孤兒就證明了這一切，斷層掃描顯示當他們在接待家庭重新展開生活之後，他們的腦室和皮層出現膨脹的現象。還是孤立之後遭遇的人際關係導致社會化學習匱乏？這些是可補救的，只要機構相信，並讓這些孩子學習他們的文化儀式。通常是加諸在這些孤兒身上的社會

85 柏區（Birch H. G.），克梭（Gussow J. D.），《不幸的孩子：健康、營養與校園挫敗》（*Disadvantaged Children : Health, Nutrition and School Failure*, New York, Grune and Stratton, 1970）。

86 福賀登（Freden L.），《社會心理學觀點看憂鬱症》（*Aspects psychosociaux de la dépression*, Bruxelles, Pierre Mardaga, 1982, p.74-76）。

論述，對他們造成束縛，使他們真的變成怪物、邊緣人或犯罪人口。最後這個推測是極有可能的，因為早年失怙的孤兒依然能夠在機構中和接待家庭重建關係，甚至後來與他們的另一半締結關係，這顯示他們罹患憂鬱症的機率並不比其他正常人來得高。87

情感脆弱可以轉變成情感堅韌，條件是必須付出代價

然而，對這些情感匱乏的創傷者而言，關係網絡的重新編織非常重要，也迫在眉睫，遠非那些有父母親關愛的人所能相比的。對這些匱乏的兒童而言，情感的介入是非常關鍵的。88這也是為什麼，青少年經歷了情感的尋尋覓覓、分分合合之後，一旦確定了伴侶的選擇之後，他們反而發展出一種極高的穩定性，甚至還超越一般的對象。一旦跨越了長期在一起的恐懼之後，「從二十五歲起，我們可以發現處境變得規律化。這或許顯示出他們的人格變得穩定，他們想要改變自己的成長史，與他們自己的伴侶重新開始一段從未經歷過的兩人生活」。89

早年遭遇的情感創傷使他們對於這一類型的關係更加敏感，往往在一段焦慮的尋覓與連結的恐懼之後，我們可以發現他們發展出一種穩定的伴侶關係，從中尋覓安全感鞏固自身。

相反地，一個發展中受到保護的孩童輕而易舉的就能與他人建立關係，因為連結對他而言是無足輕重的。同樣的道理，他們毫無困難地就能從一段關係中撤出，當伴侶的關係走到這一步的時候。一個遭受情感匱乏的人總是無所不用其極想要維繫一段關係，如果他是活在一個社會論述始終頌揚伴侶關係的環境中，他也會因此與有榮焉。相反地，如果他是活在一個講求個人獨立的論述中，他可能會遭到蔑視。

從情感脆弱不計代價轉化成強韌的力量，這個轉變的過程正闡釋了心理韌性編織的方式。受創的兒童依然可以燦爛茁壯，背後的代價就是一種生存策略，雖然要付出很多心力，但卻是非常適用。

---

87 布朗（Brown G. W.），哈利斯（Harris T. O.），畢福勒柯（Bifulco A.），〈早年失去父母的長期影響〉（The long term effects of early loss of parent）收錄於，魯特（M. Rutter），伊薩兒（C. E. Izard），瑞德斯（Reads P. B.），《年輕人的憂鬱症》（*Depression in Young People*, New York, Guilford Press, 1986）。

88 魯特（Rutter M.），〈社會心理學之心理韌性和保護機制〉（Psychosocial resilience and protective mechanisme），收錄於洛夫（Rolf J.），馬史騰（Masten A. S.），《危機和保護因子在精神病理學的發展》（*Risk and Protective Factors in the Development of Psychopathology*, Cambridge University Press, 1922, p.193）。

89 蓋塔（Guettat J.-L.）主編《針對一百位走出專業醫療機構的青少年身心障礙者的十年追蹤研究》（*Exploitation d'une enquête auprès d'une centaine d'adolescents sortis de l'I MPRO depuis dix ans*, Montpellier, l'Essor, 1980）。

這些經歷了心理韌性復原力的年輕人在面對生命中的重大選擇時——伴侶選擇和職業選擇——，他們的情感歸屬取決於伴侶人格和文化接納的情況。

這些年輕人在情感上過度投資，引發對長期關係的恐懼，這正解釋了他們晚婚的現象。[90]但是如果伴侶可以符合這類型的情感索求，丈夫的支撐成為有力的基底。一群孤兒院扶養長大的女孩對丈夫的滿意度比起一般的女子較低。可是如果我們從中再細分出一些通過考驗的女孩子，我們可以發現她們通常有一個支持她們的丈夫，從相遇以來就非常關心她們。[91]這種對丈夫支持的需求在其他的群組中相對較少，因為這些女子比較能夠組織自己的生活，即便丈夫不提供協助。

當我們試著理解伴侶如何幫助他的另一半時，我們發現有一種「合約」將他們結合起來，一種生存共同的計畫，一場有待實現的夢想，或是一種相互安全感的尋求。

蕾歐妮從小遭受母親的羞辱，母親總是不放過任何取笑她的機會且樂此不疲，說她長得醜，膽小鬼，還說她是壞學生，一無是處。奧古斯特不是一個真正不幸的孩子，但是父母親經常必須搬家，使他無法建立任何友情。他總感覺自己是「外地人」。當他遇到蕾歐妮時，他馬上理解，自己將成為她生命中的重要人物，或許有一天他們可以在一處美麗的海邊落地生根。後來他們果然結為連理，蕾歐妮說：「在他身邊，我感覺自己變得美麗又聰慧。」

那些在孤兒院扶養長大，婚姻生活不幸福的女孩們，從未有過這樣的婚姻合約。她們惶恐焦慮，她們對自己極度沒有信心，因此第一個追求者上門時，她們就馬上接受了。「溺水的人緊緊捉住任何一塊板子」，其中一個女孩這麼說。這是塞芙琳娜的例子。沒有人知道為何在這個家族裡她會患了心理依賴症。她不良的發展主要顯現在語言的遲緩，經常會有刻意吞嚥的動作，導致喉嚨受傷。大約五歲時，她開始被送給保母照料之後，她逐漸活了過來，體重增加，也開始說話，後來高中會考成績優異，學業上的表現突出。這段後來居上的過程正是一種心理韌性的展現，然而雖然有這一段歷程，她內心深處對自己依然沒有自信，以致後來第一個男人進入她的生命之後，她就接受了。克雷蒙甚至在婚前就已經是一個想要過著度假型生活的人，而她的太太並不避諱往險境探索。十五年下來，她不停地工作，管理家務，對這個玩家老公沒有一句怨言。「我還是要跟他在一起，因為有些時候他還是很善良

90 〈年輕人和第一份工作〉（Jeunes et premiers emplois, *Cahiers du Centre d'étude de l'emploi*, Paris, PUF, n°20, 1980）。

91 昆東（Quinton D.），魯特（Rutter M.），利德勒（Liddle C.），〈機構閱讀，父母的困難和夫權的支援〉（Institutional reading, parental difficulties and marital support, *Psychological Medicine*, n° 14, 1984, p.107-124）。

的。我不再愛他了，但我無法離開他。」這個伴侶的選擇嚴重的損害到她心理韌性的發展，然而一般女性通常能夠找到一位完善型丈夫，而不要這種偏離型的先生。

選擇另一半通常來自社會性的需求。能遇到完善型丈夫的女性通常是來自一個安全感無虞的團體，或是來自一個提供歸屬感的機構，或是來自一個長時間撫養這些女孩甚至到二十多歲的寄養家庭。*92*

歸屬感是一種找到自信心最容易的方式，因為只要我們歸屬於一個團體，我們就能以成為它的一份子而感到驕傲！來自群體的力量總是大於個人。當你的周遭都是扒手，你又屬於這個團體，那麼偷東西就變成一個入門儀式；如果你的周遭都有這樣的共識，那你就會認為商場上的致勝比家庭幸福還要重要；只要你屬於某一個團體了，其他團體的價值觀都顯得可笑至極。

所有人不論其文化為何都必須解決亂倫禁忌的問題。他們必須處理兩種相互矛盾卻彼此關聯的需要：歸屬的需要，有所歸屬才能受到支持；獨立自主的需要，這樣才能對於獲得的自由感到驕傲。這兩個對立的需求有一個樞紐，有一個關節卡合之處，就是亂倫的禁忌，亂倫的禁忌使人必須離開他原本的家庭，卻又同時隸屬於這個家庭。這個情感與社會的機制規範出一道適當的距離。然而，當一個衝動的年輕人離家出走，他失去了歸屬感，但如果不衝動就不會離家出走，他又無法獲得獨立自主而來的自信心。

然而，小時候就家庭破碎的年輕人很難獲得社會上的自主。由於沒有歸屬感，也缺乏周遭文化的引導，他們只能透過自身來認定自己。由於他們對自己感到不確定，他們只能讓批評他們或對他們不看好的人牽著鼻子走。也因此，一旦達到法定成年之後，許多無家可歸的年輕人會要求註冊到社會兒福機構，重新回到他們的寄養家庭。[93]由於未獲得任何機構的支持，也對自己沒有信心，他們變得離不開自己的寄養家庭：百分之三十接受被動的協助，一輩子都要接受協助；另外百分之三十成為社會上和情感上不穩定的族群，只從事一些無關緊要的工作，男女關係也短暫無法久長，這正解釋了為何他們害怕與他人真正在一起，真正喜歡的職業又不敢做，真正喜歡的女性卻又無法和她在一起。因為他們認為，希望的破滅比夢想的消失還要痛苦。另外百分之三十走出困境的人，他們並不害怕夢想，而且勇於追求自己

---

92 魯特（Rutter M.），〈社會心理學之心理韌性和保護機制〉（Psychosocial resilience and prospective mechanisme）收錄於《危機和保護因子在精神病理學的發展》（*Risk and Prospective Factors in the Development Psychopathology*, Cambridge University Press, 1922, p.196）。

93 蘭尼（Lani M.），〈追憶……逝去的世代〉（A la recherche ... de la génération perdue），《精神科醫師日誌》（*Le Journal des psychologues*, mars 1990）。

所愛。

存在中最令人焦慮的兩個選擇：職業與擇偶，象徵了存在的處境。然而每次的相遇都是一種轉彎的可能，自我的故事與社會論述必須不斷協商

學校越是愛幫小孩打點一切，教養機構越是對他們呵護備至，這些年輕人就更加脆弱依賴，無法脫離環境獨立過活，有時適時的放手反而有助於他們創造力的發展。以前村里會有一些傻瓜，現在的傻瓜都是從學校出來的，這是因為我們的社會太過於照顧他們了。然而，過猶不及，或許必須找出一個適當的社會距離，例如亂倫禁忌就可以讓人找到一個情感上安全的距離。

我們的人生有兩個最令人焦慮的選擇，一個是職業選擇，一個是伴侶的選擇，主要發生在善感的青春期。這個人生關鍵選擇需要一個有情感締結的過去，引領我們走向一個夢想憧憬的未來。在這兩個人生轉折的時刻，接待我們的環境支撐著我們，引導著我們。當接待的環境不利於我們求學與知識上的探索，年輕人比較傾向於職場的工作（手工業或貿易），或是團體性的工作。但是如果接待的環境能夠重視抽象，他們的選擇就會比較偏向精神性。94

他們會走向藝術性或知識性的工作，或是走向生命史的探索，之所以走向生命史的探索往往也是受到家庭與社會因素的影響：「我飽受苦難的折磨，我受夠了去雜貨店賒賬過日子的窘境了，我受不了鞋子破洞引起的側目。於是我嫁給一個勇敢的男人，我們一起報復了貧窮，今天，我總是買最好的鞋子給我的女兒。女兒都說我太誇張了，不過我就是想要買最漂亮的鞋子。」這位女士跟我解釋她經歷過的悲慘童年，後來她一直致力於實現夢想，雪恥報仇，無所不用其極。雖然她買鞋很慷慨，知識和社會的闖蕩更加重要，以致於她寧可犧牲家庭生活，更重視個人的發展。也因此，後來她的公司要擴大駐點時，她毫不猶豫地就外派到美國，遠離了自己心愛的女兒和孫子。她的家庭概念讓她反而可以離開她愛的人，這是一般重視情感脈絡與環境的人無法辦到的事情。

這裡涉及了兩種完全相反的存在策略的發展：一邊是相信環境的人，一邊是相信再現的人。我們目前的文化一直頌揚自我的意識形態，強調所謂的「社會勝利」，也就是個人在

94 杜姆（Duyme M.），〈棄兒：認養家庭和保母的角色〉（Les enfants abandonnés : rôle des familles adoptives et des assistantes maternelles），《法國心理學專論》（*Monographies françaises de psychologie*, Éditions du CNRS, n° 56, 1981, p.119）。

社會如何出人頭地。犧牲不再具有其詞源的意涵。這個詞在我們的祖父母時代具有一種榮耀的意義，意味著「放棄個人，為眾人謀福利」。今日這個詞的意義已經大幅轉變，幾乎是說「矯揉造作」。

另外一道文化則是比較靜默，很少在我們的大眾論述中被表達，比較著重即刻策略。成功是可恥的，錢財是不道德的。只有地理環境和家庭團結才是美德。

接待環境的結構，在青春期前後，支配了我們存在的選擇。我們幾乎可以研究接待機構的價值觀，就可以預測這一群心靈受創的青年人未來情感與社會的發展。

一九四六年時，法國開始建造一些兒童村落，用來接待戰爭期間失去家庭的孩子。莫傑夫（Megève）和維拉德朗（Villard-de-Lans）接待了一千名無家可歸的兒童。隆河．阿爾卑斯地區（Rhône-Alpes）在抵抗運動時期許多英勇的居民付出了他們的生命，村莊裡有一成的孩子，他們的父母遭槍決身亡。「孤兒城」就是在這個時期被創立，創辦人是克羅麗（Croli）（比利時籍）、羅曼內（G. Romanet）和伊芙．法吉（Yves Farges）（里昂學院），由美國和瑞士基金會[95]出資建造。若沒有這機構，許多孩子將無法存活，或變成腦病變患者或療養院的病患。當時這是一種創舉，專門照顧無家可歸或是嚴重受創的兒童。大人用大人的想法打造了救濟院的環境，卻忽略了兒童本身的價值。在大人的心裡，制服代表

「平等」和「整潔」，然而對孩子來說，制服反而是一種「恥辱的標記，象徵著自己不如別人」。藍色的大披肩，斜戴的貝雷帽，還有光禿禿的頭顱，讓這些孩子招引了不少社會的鄙視。但是五十年過後，我遇到的一些心理韌性的復原者，他們都很驚訝，也很驕傲自己曾經穿過這些帶有印記的衣服……並且走出傷痛！事後再回頭觀望過去，這些衣服被賦予了社會勝利的歷史意涵，改變了原本的意義，開啟了另外一場「論述」，變成了一場正面蛻變的證據。

教育者另一個擔憂在於，不要讓這些住在舒適旅社的貧窮兒童腐化墮落。孩子住在明亮寬敞、設備齊全的現代化小木屋之中，難道不會迷失自我，與現實嚴重脫節嗎？其實，在機構中待過的兒童，對於這些豪華小屋，寬敞的室內，明亮的燈光，沒有人有特別的印象。這些都是大人的價值觀，對小孩根本沒有什麼意義，也因此並未在回憶中建立成形。

儘管這些反面的意義，教育者還是非常捍衛小孩權益。比方說，有駐村的醫生反對村裡

95 勒若尼（Lejeune Y.），《一九四六年法國的兒童之村。新型態童年—救濟院》（*Le Village d'enfants en France, 1946. Nouvelle formule enfance-assistance*），論文，烈日（Liège），社會教育中心，一九四六年。

的創造計畫，因為這樣一來，反而獨厚了弱勢兒童，罔顧其他家境優渥的病童，而他們的爸媽當初都有捐錢集資蓋設救濟院。這裡的教育者則捍衛兒童的權益，他們證實了小孩已經開始有語言後來居上的現象，「我們發現兒童們克服了戰爭奪去家人以來遭受的逆境。」96

米歇爾住進維拉德朗的寄養家庭時才七歲，說話能力退化。他一路走來搖搖晃晃，任何一點人際關係的建立都能讓他出現自我傷害的傾向。他的進步總是短暫乍現。短短幾個月內，他的語言能力突飛猛進，後來居上，他會自編自導，創作短劇，逗得大家開懷大笑，他日後想要成為阿爾卑斯山的獵步兵。有人跟他透露說他的父母親遭到德軍槍殺身亡。他也不敢言明自己為父母親的死感到自豪。後來有一天，一位身材高挑、美麗端莊的女士來拜訪他。她上著濃妝，身著一件藍色洋裝，戴著一頂白帽，優雅的形象與孩子們的悲慘形成對比。在每天例行的散步課程中，他們必須在雪地裡行走數小時。而美軍救援提供的鞋子是涼鞋，他們只能赤腳穿上：「山中健行比翻譯拉丁文學到更多東西」，每次孩子們走到腳凍傷而哭泣時，人家都是這樣跟他們解釋的！原來，米歇爾的媽媽並未過世！她住在里昂，過著花天酒地的生活。離開的時候，她向孩子解釋無法帶他一起走，但是過些時日會再回來看他。當晚，米歇爾又變得沉默寡言，且出現自戕的傾向。

當米歇爾被接到救濟院時，他的心理韌性已經開始進行編織修復。父母親的死亡讓他私下感到自豪，提升了他的自我評價。他在周遭找到一個有利於他的接待結構，於是他大放異彩。機構裡大人的論述是，必須善待這些小孩，到雪地鍛鍊他們，引導他們從事手工業。儘管匱乏加劇了他的生活，造成他以自我為中心的擺盪，米歇爾的內心世界卻逐漸地甦醒。然而，單是母親的來訪就徹底改變了這些吃盡苦頭的意義。他不再是一個英雄之子。由於這一次的拜訪，他變成了沒人要的小孩，而媽媽居然過著放蕩的生活。當晚，他的心理韌性開始自行拆解。

這個例子可以闡釋，人類的決定論是多麼的不牢靠。一個穩扎穩打的毛線勾可以讓接下來的每一針變得輕而易舉，然而任何的事件都能改變編織物的品質。

當然，有一些時期，人的感受力比較強：年輕時的學習過程比較敏銳活躍；我們會樂意讓我們喜歡的人來影響我們自己，某些社會論述所闡釋的情境可以作為我們的支柱，有利於我們融入社會，或成為道路岔口，將我們帶往邊緣。我們就是用這些毛線頭，生物毛線，情

---

96 出處同上，p.45-46; p.49。

感毛線，心理和社會毛線，一輩子都在編織毛線。

每次的相遇都是一種機遇，但這並不意味著我們可以任意編織，因為相遇的時候，我們早已是由自己學得的技能、知識組構而成，而我們打毛線的場域本身也是由它自身的敘述、機構、傳統和技術所組成。

職業選擇和配偶選擇讓我們了解個人如何與他的環境編織關係。即使內在世界也可能因相遇而改變：一個壞學生可以重新與學校建立關係，當他遇見一位好朋友，一位可當他典範的好學生，或是一位女老師，老師的一句話或一個稱讚都足以喚醒他僵化的心靈。大多數的棄兒都會製造犯罪問題，但這並不是說情感缺乏就會導致犯罪。

這裡想說的是，社會不斷重複說「孤兒就是問題兒童」，這樣反而布置了許多社會路徑，把他們編織到犯罪的區塊。

波哥大城的孩子「這邊搶劫，那邊偷竊，他們專挑保險桿下手，再去吃喝玩樂，狂歡作樂」[97]，因為對他們而言，偷竊和作樂代表能夠完全適應街頭文化。一個街頭的孩子如果不偷竊也不作樂，對於人生也沒有任何期望了。

他人眼光具備的形塑能力

一個機構裡的兒童的變化動向可以看出該機構如何看待兒童。有一份針對一百七十六位過去待過寄養家庭的人進行的問卷調查，調查試圖了解他們十年後的發展情況[98]，研究確認了一些主要的路線：他們有晚婚的傾向，大多是從事具體工作（建築與商業），且發展良好；如果是來自社會經濟較差環境的小孩，後來回到原生家庭者（占七成），比起家境富裕的小孩，比較不是那麼獨立自主。對於幸福的感覺較容易滿足，犯罪人口較少，不愛運動，較常騎摩托車，不常搬家。從這小群人口的變化來看，可以看出教育團隊的用心有其成效，也可以看出他們如何看待小孩，彷彿他們正在說：「對待這些小孩，必須寬大為懷，無微不至，道德教化。對他們不需要過度強求，他們的問題已經夠多了。」

一間機構的結構就像一個人格，圍牆與規範讓有能力的人實踐他的想法。受創的兒童就

97 莫尼耶（Meunier J.），《波哥大的孩子們》（*Les gamins de Bogota*, Paris, Métailié, 1989）。

98 蓋塔（Quettat J.-L.），《真正的照料，實質的管束》（*Pour une prise en charge réelle et réaliste*, Montpellier, l'Essor, ACDIF, décembre 1980）。

是要在那裏發展自我，周圍的老師也都不盡相同。

魯巴（Louba）創建了一些機構，收容了無數個孤兒，他們的父母遭遣送集中營，有時這些孩子自己也在第二次世界大戰期間遭到遣送。[99]奢侈浮華自然不是這些破屋陋室所要擔心的事情，這些屋舍有時只是利用軍用帳篷再加大而已。然而，孩子們卻依然認識了另一種「奢侈」。

據估計，有一萬一千名的兒童消失在集中營，一萬兩千至一萬六千人是由親人扶養長大，還有六千至八千人戰後集體收容管束。[100]然而，最主要還是各個機構的「哲學」主導了這些孩子的變化與發展。

「經歷過寄養家庭」的孩子，有百分之七十的人證實了相遇改變了他們的命運。對大多數人而言，相遇是一種偶然，但如今我們都知道相遇的偶然是由個體對場域的情懷所決定。有些自我中心的孩子，心理嚴重受損，致使無法與任何人相遇。必須是大人主動地尋找他們。一旦他們感受到溫暖，一旦他們的生命力重新恢復，他們便渴望與人相遇，隨環境安排。因此，我們可以說，這些受到溫暖的孩子是根據支援的等級來編織自我。

伴侶顯然位居「人生中重要的相遇」之最上方（佔百分之五十五）。情感的支援，穩定的情感有利於自我建造的計畫。「他是一個強壯、穩重的男人……我一直很欣賞這位年紀輕輕又肯自學的男人……她聰明又美麗，獨當一面，如果沒有她，就沒有今天的我……」他們對伴侶都有一種過度的情感投資，就像心靈受創者對情感無度的索求。一個未受過創傷的人可能不會像這些年輕人一樣花這麼多的心思建立關係，因為他們亟欲他人的情感。

家庭也是投資的對象（百分之三十一）。友情的重要性（百分之二十）也不容置疑：「當時我選擇就讀文學院，這是受了我的朋友馬克的影響。他的父母是老師，也支持鼓勵他做這個領域的研究。」沒有了家庭，我們人生的重大決定便來自我們喜歡的人的家庭。

老師、工作上的同事都可歸類在這種「救贖式友誼」的範疇之中：「暑假期間，我和一位退休的女老師閒聊……我在兒童救濟院裡的督學……高中裡的講道神父，他是第一個把我當作人和我說話的人。」

有些文化英雄對這些兒童來說具備強大的影響力，可以啟動存在的轉折：「我和尚・瑪黑（Jean Marais）說過話，後來他就認得我……在阿爾及利亞的一個夜裡，法蘭索斯・馬斯

99 兒童中央協會之友聯盟（Association des amis de la Commission centrale de l'enfance）。

100 波曼（Baumann D.），《遺忘者的記憶：奧斯威辛後的成長》（*La mémoire des oubliés. Grandir après Auschwitz*, Paris, Albin Michel, 1988, p.21）。

培洛（François Maspéro）跟我談心……一九七八年在蒙特勒伊（Montreuil）的一個夜裡，塞吉．克拉斯菲德（Serge Klarsfeld）……當時與我隨行的姊姊跟我說看到我臉部的改變」[101]年輕人的活動、政治黨派和社會性活動、劇場晚會等……提供這群情感匱乏的年輕人幸福愉快的變動。

時至今日，這些社會結構的效果比較淡化了，而動輒聚集三千多名孤立無援的人的銳舞文化（rave parties）也可以帶來存在的轉折；然而這些活動依然具有救贖的功用嗎？[102]

百分之九的兒童會接受宗教的灌輸，讓宗教成為他們的精神指引。這裡所說的宗教不是一般宗教，而是另外一種。「在里昂的一天晚上，我遇見上帝……一位巴黎猶太社團的代表人……我皈依天主教……回歸猶太教……」由於童年時沒了家庭，也因此從來沒有受到家中上帝的影響，這樣子反而可以在幾年後遇見群眾中的上帝，而並非一個家庭裡的上帝。

有些機構會積極地引導年輕人走向大學，有些機構則比較忽略，這顯示出教育者的心靈具有強大的指引力。他們內在的價值，即便無法具體說出來，也影響了他們所照顧的年輕人的人生抉擇。

因此，我們之所以做了某些選擇，原因並非在即刻當下，而是必須從創傷者個人私密的經歷，與周遭集體歷史的遭逢才能觀察。

但是並不是這樣就足以說明，良好的周遭就能製造良善的孩童，也不是說，良好的內在發展長大之後就會是內心平衡的人。因為每次的編織都有可能有所轉變：一個發展良好的小孩可以在生命中的第一個考驗就瓦解崩潰，因為他從來沒有機會學習克服困境。同樣的道理，相反地，一個脆弱的孩童卻可以尋找出自己生命的意義，藉由情感的投資，知識的投資，或是形而上的投資……

孩子是一塊情感的海綿。但是他對於周遭環境所提供的一切並不是照單全收。他的發展，他所遭遇到的故事促使他對某類型的環境特別敏感。每個階段，他的敏感度都會變化，因為他不停地自我建構。每一刻遭遇的問題都不同，即便個體的身分決定了他感受世界的方法。「……沒有人愛我……我就是憂鬱的王子……這不公平……我是帶霉運的人……美好的事物會降臨在我身上……」

---

101 波曼，出處同上，p.188-193，及個人通訊紀錄。

102 儒葛拉（Jouglard J.），〈人工合成毒品和毒癮〉（Design drugs and addiction）收錄於亞曼（Amin A.），拉普拉絲（Lapras P.），《第三屆地中海毒癮研討會》（*3es journées méditerranéennes de toxicomanies*, Toulon, novembre 1998）。

由於對周遭有著相同的執著，在我們生命的每一章裡，我們都必須處理某一個年紀遇到的問題。一邊織著我們的過去與內心世界，另一邊與文化和周圍的人編織關係，我們就是這樣編織出自身的存在。

第二章

黑色太陽，不憂鬱

CHAPITRE II

Soleils noirs sans mélancolie

「敘述，所有的苦難疼痛都變得可以承受了」

「從前從前，在一座小村鎮裡住著一位小女孩，她長得非常可愛，她的媽媽很喜歡她，外婆更是疼愛有加，大家都叫她小紅帽……」，十七世紀的童話作家貝洛如是寫道。[1]

「一八五〇年左右，亞爾薩斯的一位小學教師，為小孩子拖累，降尊紆貴改當食品雜貨商」[2]，沙特的自傳是這樣開始寫的，書名是「詞語」，意思就是說，他並不打算說真話，他頂多是要打造一份敘述，這份敘述的內容是他所認為的個人故事。書中一開始，他並且提供了社會背景的資訊。

「我出生卑賤，而我把我自身改造成女王」，M女士來找我晤談時談到她的出身是這麼跟我說的。她母親生下她就過世了，年僅十三歲的時候遭到父親的性侵，被安置到救濟院，在那裏她不斷受到淩虐。如今M女士身為富裕的企業總裁，她接著說：「我的美貌就是我的利器，當然還有我的勇氣。」接著她又跟我解釋，為了能夠充分運用美貌辦事，她從不感情用事。

把自己的人生寫成敘述，這是多麼奇特的需求，但也是一種特殊的樂趣。「當我們試圖把事情寫下來，所有的苦難疼痛都變得可以承受了。」[3]面對恐怖的遭遇時，我們面臨了雙重需求的可能：講述或矢口不提。當一個人講述自己遭遇的困頓時，他正用敘述的方式使這場災難存在於他人的心靈之中，同時製造一種感覺，自己雖然遭遇創傷，但是如今已是過來人。敘述的同時也是企圖把自己經歷的難關轉變成一種私密的經驗，透過講述建立關係：「你是我唯一講述這段往事的對象。」一旦分享了，這段過往的經歷就產生了情感上的轉變，形式上不再相同。因為有他人，所以產生一種被理解的感覺，尤其這個他人是一個遠在他方的人。這個他人必須是單純的再現，如此一來我們就可以感覺被理解。當我們分享他人的日常生活，我們知道他可能會誤解，他自己也有他的苦楚或缺陷，我們無法真正把自己的內心苦痛交付給他。父親、老師和上帝可說是最理想的他者，能夠傾聽我們的困頓，我們無法講述的災難，我們慾望深處的乞求。

理想的讀者也是完美的傾聽者。因為讀者是一個遠方的聽眾，他不會把我們的祕密洩漏出去。讀者因此是理想化的，也因此他可以充分理解我們，而在眾多的讀者群之中，至少也

1 貝洛（Perrault C.），《鵝媽媽故事集》（*Contes de ma mère l'Oye*, 1967, *in Il était une fois...*, Paris, Flammarion, 1951）。

2 沙特（Sartre J.-P.），《詞語》（*Les Mots*），前文已引述。

3 丁森（Dinsen I.），收錄於漢娜・鄂蘭（Arendt H.），《現代人的處境》（*La Condition de l'homme moderne*, Paris, Calmann-Lévy, 1961）。

會有十多人可以理解我，接納我，以及我的創傷。

通常當我們把內心祕密講出或寫出後，我們內心會獲得極大的平靜：「請看，這就是我，我就是這樣，喜歡也好，不喜歡也罷。」寫自傳的人給予一種極高的一致性，容易讓人接受。「我就是我所呈現的這個樣子。喜歡我的人自然會喜歡我之所以為我的一切，我可能是一個歷劫歸來的人，我可能是一個害死我母親的人，我可能是作奸犯科的人……」還沒敘述之前，我自己的形象是一個社會可接受的狀態，另一部分的我則放置在陰暗之處。敘述之後，我變成了再現的我，我因為我的真實狀態而被喜歡，真實的我，全部的我。

作者與讀者之間很快就能產生默契，自傳類的書籍一向都賣得不錯。出版商每兩天就能收到一份這種風格的手稿，三百五十本書會被出版。不管是名人的自傳，例如：伊力．卡山、朵爾托，或是英格麗．褒曼，還是普遍的自傳，像是賣了兩百多萬本的艾里亞斯（Pierre Jakez Hélias）自傳[4]，自傳就是關於日常生活中的片段書寫，一經書寫，尋常的事件也會變得詩意。自傳就是小人物的小說，主題或許千篇一律：「我可能是貧寒出身，也可能是生於富貴之家；我是名人之後，我也可能默默無聞。無論如何，我要跟你們講述我的生平，我遭遇的事件，我又是如何走過這一切。」然而，通常要等到這個人戰勝自己的創傷之後，我們才理解到，五十年前的這個兒童是具有這般的心理韌性。必須以現在的光芒照亮過去的事件，如此才能賦予經歷的事件完整的意義。

■ 左拉、希區考克、佛洛伊德的自傳法規

「這是一種描寫真實、透視內在的文學」，文學評論家約翰·馬洛里（Jean Malaurie）曾說道，他也認為這一類型的文學就是像左拉那種方式的自然主義文學。左拉從貝爾納（Claude Bernard）的實證主義方法中汲取靈感，他經常佇足工人咖啡店，或是走訪農場，快筆記下「文學素描」；他們的穿著如何？誰在講話？他們在說些什麼？桌子的形狀如何？誰在床上睡覺？誰又睡在稻草堆之中？然後，等到要寫小說的時候，這些細節就派上用場，左拉便運用這些真實的筆觸，讓社會基調的小說更有真實的依據。[5]

我們每個人要敘述自己的生活時，總認為絕不能說謊：「我經歷過的這些歲月真像是

4 梭夏（Chauchat C.），《自傳》（*L'autobiographie* , Paris, Gallimard , coll. 《Lire》, 1993 , p.20）。

5 左拉（Zola É.），《調查筆記。未出版的法國民族誌》（*Carnets d'enquêtes. Une ethnographie inédite en France*, Paris, Plon, 1986）。

一本小說！我遭遇過的事件太奇特了，我覺得太特殊了，一定要跟你們講才行，你們會像我一樣，意猶未盡。」這樣的說法其實提出了一個問題：為什麼所有人生中的事件都必須像希區考克的電影那樣被組織起來？我們目睹著悲劇的醞釀，有時我們甚至早已清楚悲劇會在哪裡，會如何進行。令我們想要追問的更在於：書中的主人翁是如何全身而退的？

一段人生中的故事也像一本小說，必須被裝配組織：我們已經得知書中的主人翁後來變成一位著名的歌手，我們早已知道主角是來自社會救濟院，他是如何走過這段生命的歷程？[6]如果書中不這樣安排，故事就毫無精彩可期之處，恐怕只會是一段毫無意義、瑣碎無聊的故事。就是因為知道主人翁一定會成功，這段敘述才會像是一段社會版的童話故事。正是因為這樣的結局，這樣的出路，才讓經歷過的事件浮現出意義，也因此原本百無聊賴的日常瑣事才會結晶成繽紛美妙的事物。

佛洛伊德早就提過，病患往往會提供許多次要的細節，試圖要粉飾太平，而非要了解自己：「病人無法有秩序的梳理人生中的事件，這樣的無能在理論上有其重要性。」[7]大部分的患者在進行精神分析的治療時，都會竭力在治療師的心裡塑造一個自我形象，這個自我形象要花很久的時間才會逐漸鬆脫、碎裂。在日常生活中，這種現象更加嚴重，因為至少在做精神治療時，患者自知不會遭到審判。在診療室中，病患是可以暢所欲言的。

這種試圖偽裝的作法具有重要的功用：偽裝雖然是要使他人看不見，唯有如此才能與大家共存。倘若我們無時無刻都把自己腦海中的想法說出來，大概沒有情侶或團體能夠續存下去了。暴力甚至會變成家常便飯。相反地，避談自己的某部分反而能夠維繫與他人的關係。某部分的缺陷才是社會生活的寫照。然而，我們試圖塑造給他者的自我形象之所以能夠運行不悖，主要是因為自傳的雙方——作者與讀者——冀望能夠分享同一道樂趣，一邊的想法是：「我要跟你訴說我如何走出人生的悲劇，以三段式的方式跟你講」，另一邊則是：「他要跟我們訴說他如何從逆境中走出，他的故事肯定能夠激發我相同的情感，一種恐怖與神奇兼具的情感」。恐怖與奇妙雖是矛盾，卻不相違背，這樣的說法傳遞出讀者閱讀他者恐怖經歷時產生的美妙感覺，因為這些逆境雖然恐怖，雖然令人厭惡，最終卻有個美好的結局：法國女歌手芭芭哈雖然遭遇過亂倫的傷害，但最後她成為一位偉大的藝術家。[8] 柯婁德．侯丹今日已是多國公司的首席顧問，然而七歲時他遭到棄養，被人丟棄在改作其他用途的舊車站裡。[9]

6 勒埃（Lahaye J.-L.），《一百個家庭》（*Cent familles*, Paris, Carrère, 1985）。
7 佛洛伊德（Freud S.），《五個精神分析治療案例》（*Cinq psychanalyses*, Paris, PUF, 1954, p.8）。
8 芭芭哈（Barbara），《黑色鋼琴》（*Il était un piano noir*, Paris, Fayard, 1998）。
9 侯丹（Rhodain C.），《顛擾的命運》（*Le Destin bousculé*, Paris, Robert Laffont, Coll.《Vécu》, 1986）。

然而，自傳的結局並非死亡。死亡是生命的結局，但不是故事的結局。早期的小說總喜歡以死亡作為結局，這樣的作者其實是缺乏想像力的，以死作為結局未免太輕而易舉。在自傳中，結局並非死亡，而是照亮了一道錯綜蜿蜒的軌道，能夠給我們啟示，因為故事中的處境都是我們可能遭遇到的。貧窮的兒童後來成功致富，過去經歷的苦難從而被逆轉過來。他的個人遭遇使我們感到寬慰，也給了我們希望，因為他的逆轉勝就是勝利的證明。水手經常使用這種恐怖中的奇幻、逆境中的幸福作為敘述的策略，他們最擅長講述一些九死一生、驚滔駭浪的故事。恐懼的作用在於馴化我們的情感，同時給予我們忠告：「風暴如此劇烈，我面臨生死一瞬間，就是在這當下我明白，船身可以漂浮，不致在強風的襲擊之下淹沒。」驚駭的經歷反而製造一種使人平靜的效果，提供我們對抗逆境的行動密碼。也因此自傳通常是大眾小說，具有訓誨的效果，予人希望，可以教化，提供美德典範，使人得以自我建立。

「自傳」這個物件本來就是用今日的亮光來照耀過去。當苦難降臨於他，他變成了受創者，有朝一日他必須將這一切講述出來提供見證。然而，要完成自傳，必須要有時間的距離，才能給事件提供意義。每次遭遇性侵之後，這位女子就會到塞納河岸邊的舊書商那邊尋求庇護與慰藉，如今她成為法文教授，她走過的這段路讓我們理解到，其實是文學幫助她走出拂逆，走出災難：「死亡我早已不陌生，人生不就是如此？生命的歷程早就告訴我這一切，就我記憶所及。聖母院是我的避風港，塞納河河岸就像是我的地方。」[10] 一直到了後來，女教授才了解了聖母院、塞納河和這些舊書商提供了她怎樣的心理防衛。

直接創傷在腦中留下了痕跡，但這是可以重新追溯的。然而回憶是一場關於周遭的敘述

當我們敘述過去時，我們並非重新活過這一段歲月，而是重新打造，但這並不意味著我們捏造過往，這並不是說謊。正好相反，要組織一段敘述，我們必須使用過去的生活作為元素。然而，人生漫長，並非每一段往事都可以成為事件。就生物學來說，周遭的資訊會被動地形塑著我們的大腦，留下痕跡，讓我們對某些事件特別有感覺。以遭棄養的兒童為例，即便棄養的經歷並未太久，他們日後對於周遭的人事或地點很容易產生一種過度的依附。相反地，如果這種情感孤立時間久了，這些孩童反而變得無所謂。[11] 情感的剝奪在人格的發展

10 安裘雷（Enjolet C.），《他方的公主》（*Princesse d'ailleurs*, Paris, Phébus, 1997）。

11 鮑比（Bowlby J.），《依附與喪失》（*Attachement et perte*），第三冊，前文已引述。

上留下了一些痕跡，但並未留下任何回憶。沒有人知道，為什麼這些孩童對於所有的離別或喪失格外敏感，人際關係表現得患得患失。他們不記得孤立無援的那段時期：「我一點印象也沒有，我從小就無父無母」，他們往往會這樣回答，尤其是當他們未曾找到情感上的替代者，以喚醒他們凍僵的情感。

問題就在這裡：一個事件只有因為承載了情感才能夠被記起。一個遭孤立的孩童最後反而麻木遲鈍，記不起任何過去，因為在他的世界中，沒有什麼事件可以充實他，使他豐盈。相反的，一個受關愛的小孩，他的記憶中尤其記得那些充滿溫暖與感情的事件。一個人有能力感動往往來自過去的蹤跡，讓他對某些情境特別有感，也來自周遭的同理心。

最初的記憶是感官的，會在大腦中留下痕跡，而之後的記憶，也就是回憶，是透過周遭而顯現、浮現出來，是一種長程的記憶。這種記憶是不斷灌溉匯聚而成，孩童會在他的內心深處自我敘述，或透過對他人講述時重新觀視這些記憶，一旦他的話語開始社會化。不論是銘刻在神經細胞中，有能力感受事件的記憶，還是刻劃在私人再現的記憶，與周遭的印記都是在大腦中進行的。大腦會創造出內在的情感世界和內在語言。孤兒們飄零在不同機構之間，不曾對於他們遭受孤立的階段留下任何回憶，日後的人生中，他們的敘述只提到一些與他人的相遇，一些特殊的時刻，或是有情感關注的時刻。但是這並不意味著這段艱困時光沒有在他們心中留下任何蹤跡。

九歲的小貝爾納是少數從奧斯威辛集中營歷劫歸來的倖存者之一。他嚴重消瘦，回國之後，醫療團隊對他進行全身檢查，診斷出許多在他身上發現的病症，特別指出髖骨骨刺向前凸出，骨盆的骨頭位移。回到巴黎之後，他原本情感淡漠的現象開始不見。他自己也驚覺，在自己的情感荒漠中，居然還能感受陣陣喜悅、生氣或失望，有時無法克制。如今，當我們對於社會災難造成感官孤立的孩童們進行腦部掃描，我們經常觀察到，他們專司記憶和情感的大腦邊緣系統出現萎縮現象。這個萎縮是可以透過反覆的教育而復原。一九四六年，氣化腦造影技術開始被運用，這些技術揭露了這部分大腦[12]的萎縮是可恢復的，同時也解釋了為何會有情感失控的情況。

但是有一部分的情感是來自我們的再現。當醫生對孩子觸診，跟他談到他骨盆的骨頭有凸出的情形，小貝爾納面對這個恐怖的消息時，感受到的卻是溫情和自豪，因為醫生的話讓這孩子想起他父母在失蹤之前也有類似的骨盆骨頭凸出的症狀。透過這個影像的再現（骨

12 阿巴隆（Abalan F.），布爾喬（Bourgeois M.），〈遣送集中營對腦神經心理造成的影響〉（Les conséquences neuropsychiques de la déportation），《突觸》（*Synapse*, n°119, 1995, p.53）。

盆的骨頭凸出後面的凹洞），孩子感受到自己和失蹤的父母是屬於同一個族群，而不再是背棄他們獨自存活的人。「我跟他們一樣。我和他們很像。我把他們延續下來。我沒有背叛他們。因此我不必再感到罪惡感了。」一件可怕的事實，與死亡擦肩而過的事實，在孩子內心再現的世界裡反而掀起了一種溫柔的情感和情感上的驕傲。但是如果孩子把內心世界講述出來，聽眾一定會把他當作瘋子，因為他的私密言論和社會論述相去甚遠。戰後，大人總是要小孩子默不吭聲：「我們也是，也沒有巧克力，而且我們還要照顧你們。所以你沒什麼好抱怨的，不知感恩圖報的傢伙！」即使到了今天，這種在恐慌之中找到溫情與驕傲的論述也還是敘述不得，因為只想裝做什麼都不知道的企圖[13]，以及合乎常規與道德的論述都讓我們只能認定，經歷過恐慌，一輩子最好都要痛苦度日。另一種論述則是：「這一切都誇張過度了。小孩一定是在極寒的奧斯威辛集中營感染了腮腺炎。」在現實中，事件的連結在小孩的記憶中烙印下一些無法言喻的再現，之所以無法言喻是因為與集體的論述有落差。

但是，也必須注意，貝爾納的記憶裡滋生的，不是逐日的痛苦，而是將過去轉化成戲劇性的再現。我之所以說「戲劇性」，是因為他從過去的記憶中，挑選了一些事件元素，把它們轉化成再現，這些場景都是為自己而設計的，只存在他自己的語言中。他把痛苦蛻變成藝術品，轉化成私密的戲劇。

如果小貝爾納能夠把奧斯威辛集中營的日常生活記錄下來，他可能會寫下飢寒交迫的痛苦，遭人鞭打的磨難，以及父母親死後等待自己死亡的煎熬。在這個無以名狀的背景中，依然會有一些微小的幸福湧現：可能是一個陌生人給了一瓢湯，可能是與另一個同伴相互取暖的時刻，也可以是理解的需求，或是經歷過這種折磨的人，在這荒蕪的世界中驟然發現的美麗剎那。這或許就是逐日記錄下來的事件。

然而，事件過後，存留在他記憶中的事物，物換星移之下，通常轉成了另一種意義，有了另一種功能。主要的做法在於，把自己轉化成一個肖像，一段敘述，把發生過的事件編成場景，如果可行的話，甚至把這一切轉成一場故事，說給別人聽。在小貝爾納的記憶中，有意義的不再是凜寒的氣候或是恐懼，或是挨打的苦楚，而是突出的髖骨在他的自我敘述中具有特殊的意義：「我比死亡還要強大，而且我也沒有背叛我的父母親。」正如廣告利用影像與文字傳遞一個主要的內容，這個意義化的影像成為他敘述身分的一部分，彷彿他這麼說：「我是一個經歷過死亡，並成功脫逃的人。我說什麼都應該要感到驕傲，即便我遭受無比創

13 布魯克納（Bruckner P.），《故作無知》（*La tentation de l'innocence*, Paris, Grasset, 1995）。

傷。」然而，這一番內在話語註定無法與人溝通。小孩透過影像得以理解一些文字無法傳述的東西。大人反而無法構思一個反差如此大的世界。

從貝爾納的案例，我們可以看到，小孩透過敘述把事件組織起來，提煉意義，於是過去的這些事件就不會只是一連串龐雜無章的資訊。然而，我們的故事隨著聽眾的不同，意義也不盡相同，必須要看故事是要說給自己聽，還是說給一個我們想要取悅的女子聽，亦或說給自己想要爭取的寄養家庭聽，或是說給只想聽見道德正確的社會大眾聽。

生命不是一段故事。生命不斷在解決問題，以求適應。然而人類的生活卻硬是要我們把生命轉化成故事，如此才能避免讓生命淪為一團為了活下來而做的防衛反應。如果貝爾納真的把集中營逐日的生活記錄下來，就像十四歲時遭到監禁於奧斯威辛集中營的安娜．諾瓦克（Ana Novac）那樣寫[14]，他寫下來的可能不是敘述，而是一系列抽離背景脈絡的事件。他可能描述活著的不幸與存活下來的辛酸與幸福。要如何對一個正常人說：「我差點死於飢餓，差點遭人打死，還有許多接踵而至的災難，不過我很自豪，為自己那凸出的髖骨而感動不已」？

過去一點也不簡單。貝爾納之所以能夠從瘦骨嶙峋的軀體中發現的髖骨突出連結出一種傳承的印記，那是因為他能夠活在某種再現的世界之中。再現世界有兩個條件，一個是記憶，一個是周遭。他必須要能夠把自己的髖骨突出和父母親的病症做連結，然後用內在的語言喃喃自語：「我和他們一樣都有髖骨突出……我和他們一樣，我和父母親屬於同一道源頭，我記憶中有他們的影像。我深愛著他們，即使到了今天我也不曾背叛過他們。我活著，就像過去他們也活著那樣，我把他們延續下來。」這個從恐怖的影像轉變成的歸屬感，反而在小孩內心發展成一種榮譽感，讓他在荒蕪的世界中依然帶著自信心。

我們不能說，精神遭受襲擊就會導致精神毀損，像機械反應那樣。但是我們倒是可以說，一場侵犯會因為我們的過去與周遭的意義而造成傷害。我們每個人都有著不同的歷史、家庭環境和社會背景，面對同樣的侵犯事件，感受都會不同。然而，情感是由囤積的歷史記憶的再現而引發的感受。如果貝爾納不曾在浩劫之前認識父母親，他的記憶裡或許就不會留下任何痕跡，而髖骨突出也不再有什麼意義，既然他無法把骨骼的問題和他父母親對照。相反的，如果他的父母親給他的是一種令人窒息的情感，骨骼的意義又完全走樣了：「原來我和他們一樣，我一直想要和他們分離。我真是討厭這髖骨突出，讓我又和他們綁在一起

---

14 諾瓦克（Novac A.），《我青春的美好時光》（*Les Beaux Jours de ma jeunesse*, Paris, Balland, 1992）。

了。」如果災難的時間拖長了，貝爾納可能會屈服於現實當下：不那麼受苦，盡量保護好自己，吞一點水，能呼吸就好了。但是，骨骼具有一種不能言說的意義，只能在內心世界偷偷觀看，無法對外言宣。周遭的環境使小孩不能吐露真話：「你什麼都不用說，戰爭的時候，我們也沒有白麵包可吃。」孩子只剩下內在敘述，一種祕密，或是藏在內心深處的一種無法言宣之物，永遠無法明白道出。人格的分裂有絕大因素是周遭的反應造成的。

有些從集中營歸來的小孩後來被機構收留，機構裡的論述賦予同一件災難不同的意義：「你本來已經瘦到皮包骨，你好像你不在人世的父母。你一路走來，搖搖晃晃。別人跟你講話的時候，你還會咬自己。你看，你現在進步很多。你能夠侃侃而談，你也能夠念書。你一定要很勇敢，才能彌補你過世的父母親。」在這些機構裡[15]，孩童的分裂情況在幾個月內減少了。每次有機會的時候，他們就會講述他們的故事，不多也不少。但是這樣的機會很少，因為很少有大人能夠聆聽這樣的敘述。於是有一大部分的小孩後來變成了小說家，演員或是從事戲劇相關的工作。他們可以敘述一段和自己相似的故事，比較能被社會所接受。藝術變成一場縫合，一種剪裁，一種修補，讓撕成兩半的人格得以接軌。我們當然可以講述自己，而不要提到「我」。

「想說話的慾望」足以完成一部自傳而永遠不提到「我」

還有其他的辦法嗎？人一定都渴望講述自己的人生。當主角無法以文字表達，他就以其他方式傳遞，比方說投入婦女捍衛團體，保護遭受侵犯的婦女（像我一樣）。或者協助遭人凌虐的小孩（像我一樣），或者純粹講一些平凡的事情，有意無意間流露出自傳的成分：「我喜歡難喝的湯，稀稀的（以前在公共救濟院經常可以喝到這種湯，而我對於這樣的怪癖感到百思不解）」，或是「在楚浮的電影《四百擊》當中，我經常想到一個片段，孩子們成群逃逸去散步，躲在門口（我也經歷過一樣的事件，在靠近美德哈諾馬戲團和殉道者街附近）。」

所有的意見表達都是自傳性的，因為意見會顯露我們對於世界的敏感力，然而，我們的周遭會讓我們對某一類資訊特別敏感。這也是為什麼沙特的自傳這樣開頭：「一八五〇年左

15 兒童中央協會（CCE; Commission centrale de l'enfance），《我們是奧斯威辛集中營的孩子嗎？》（*Sommes-nous les enfants d'Auschwitz ?*, Paris, La Sorbonne, 7 juin 1998）。

右，亞爾薩斯的一位小學教師，為小孩子拖累，降尊紆貴改當食品雜貨商」[16]，他以優雅的方式述說，換做是我們，我們可能比較會以培瑞克的方式述說：「我出生於一九三六年三月七日，星期六，晚上約九點左右，在巴黎第十九區亞特拉斯街十九號的一家婦產科診所。」[17]我們人生中的第一道訊息並非銘刻在我們的記憶裡，而是由社會組織提供給我們的。沙特的自傳一開始就提到家庭，那是透過文獻記錄下來的。或許是真的？或許是謊言，是猴子模仿的戲碼[18]，是他人的敘述，我們把它挪用了過來。無論如何，傳記永遠始於一個外於自身的記憶。

所有的自我敘述都有這個相對記憶的特徵。當培瑞克試圖潛入《W或童年回憶》的內在探險時，他無法完成他的書，因為太痛苦了。要剖析這場消失，對他而言，太痛苦了。那是一本獻給E的書[19]（法文字母E的發音等於「他們」，也等於我消失的父母親）。[20]甚至連說這件事都是令人痛苦：他只能把這本童年回憶獻給一個能召喚起他們的字母。

但是在孤獨中召喚一個影像，一張照片，一場真實的回憶，就是把永恆哀悼的痛楚帶到意識，因為他未曾和他們「告別」。他無法接受他們的死亡，因為他們甚至生死未卜。這場永恆的傷痛深埋在日常生活的瑣碎事物中，一旦他獨自潛入其中，比方說凝視著父親的相片許久，傷痛又會復發。

然而，這些深埋在記憶中的回憶是透過他人的情感刻劃而來的。即使是麻木的記憶也都是與他人有關的。「長久以來，我一直以為希特勒是在一九三六年三月七日攻進波蘭的。我搞錯了日期，或者弄錯了國家，但這其實沒什麼兩樣。當時希特勒已經掌權，而集中營正積極運作中。」培瑞克的自傳一開始就提供我們一個有背景的回憶：行政公文式的訊息，精確到有點荒謬：「三月七日……晚上九點……婦產科診所……十九區」。然而，這個精確訊息雖然無用，一旦社會意涵出現時，突然顯現其意義：「長久一來我以為是（那一天）……希特勒進入波蘭。」如果把這兩個背景訊息串聯起來：他的生日和波蘭被佔領，培瑞克好像是要跟我們說：「我的出生就是一個死亡的印記，我的出生之日遭到周遭意義的刺穿：處決。」這個錯誤的回憶卻說了真話。

16 沙特，《詞語》，前文已引述，p.11。
17 培瑞克，《W或童年回憶》，前文已引述，p.31。
18 雷里斯（Leiris M.），《生命與作品》（*Vie et œuvre*, Paris, Gallimard, 1996）。
19 培瑞克，《W或童年回憶》，前文已引述。
20 編註：培瑞克的一本著名小說《消逝》（*La Disparition*），全書即完全不使用字母「E」。在書中消失的母音字母「E」，就像「他們」（我的父母）一樣消失（法文字母 e 和人稱代名詞eux〔他們〕發音相同）。

六歲就被判處死刑，的確難為了這個小孩。當小孩接受了這個事實，他表現出認命屈服的樣子，外表看起來像是面對一場冒險：他漫不經心地走過街衢，迷失在內心的五里霧中，他義無反顧地栽入充滿亂流的溪中，他可以嘗試超乎他能力的攀岩。對他而言，即將要死去這個事實反而使他內心平靜。憂鬱症的病患更加了解這奇特的效果，活著令他覺得孤單，飽受折磨，一旦他開始構思自己的死亡時，他感到出奇的平靜。光是想像著吞食大量的藥物或是寫下遺囑這些行為就可以讓他們自我表達，不是用語言表達，而是透過幾個放在身邊的物品：「原來我的痛苦總算有個出路了。」這種憂鬱症患者和遭判死刑的孩子的死亡策略，與一般幸福家庭的小孩從事冒險的遊戲是不一樣的。這些接受社會救濟的兒童與死亡玩遊戲，他們開啟神意仲裁的戲碼，這樣的心理效果可以讓他們透過冒險的考驗[21]發覺自己的價值。「自從上次在足球賽後，和維持秩序的警察打過架之後，我突然發現了我自己的價值。」這種透過神意仲裁的場景來形塑情感，正解釋了一種令人震驚的分裂，解釋了為何一個中規中矩的公務員，一個好學強記的學生，或是有錢的舊貨商驟然之間變成一個無可救藥的地痞流氓。情感匱乏的孩童在心底進行自我測試，他們不需要見證人，與死亡的緊鄰讓他們可以自我表示：「如果死亡勝利了，那是正常的，可是如果我活過來了，那就證明我比死亡還強大。」於是這些認命的孩童感受到一種出奇的平靜。

通常，那些實際經歷過家人死亡，自己也瀕死的孩童會感受到內在湧現一股力量拯救了他們：「我要敘述……是出於迫切的需要，堅信我曾經親眼看見的那些事，該被揭露出來，攤在陽光下」[22]，培瑞克如是說。

這就是遭受霸凌的兒童最常見的抵抗模式。這一切都解釋了一旦死亡不可規避，人的信念反而變強了。

自傳是情感的宣示，聽眾可以喜歡這個告白，也可以為此感到困擾

但是這個敘述，必須有人聆聽或閱讀。一開始，創傷的故事把孩子阻隔於文化之外：「你在六歲的年紀遭判處死刑……你在十到十四歲之間被你父親強暴……你是不良少年，因為你是混街頭的」，這些文字只能以內在語言的方式來理解。這些話語的第一個好處就是參與了孩子的身分打造：「我是那個……」但是這個身分是一個祕密且邊緣的身分，無法言

21 勒伯賀東（Lebreton D.），《冒險的熱情》（*Passions du risque*, Paris, Metailié, 1991）。

22 培瑞克，《W或童年回憶》，前文已引述。

喻，會引發人格分裂：一部分是社會的，透明的，經常是樂觀進取的，另一部分是黑暗面，難以見光，關係到恥辱。說出來，或是寫出來可以讓自我分裂的這兩部分銜接起來。培瑞克就體驗過這個想法，他曾經寫過《我記得》[23]，這是一本新鮮感十足的書，由四百八十個句子組成，每一句都陳述一段平淡無奇的回憶：「三十五：我記得塞當—多迪勒（Cerdan-Dauthuille）的那一場拳擊賽。——四十四：我記得讓．勒克的節目：蒙馬特的穀倉。——六十二：我記得塑膠彩線編結物。——一四二：我記得阿蘭．羅伯—格里耶（Alain Robbe-Grillet）是農業科技學家。[24]——三八二：我記得畢卡索的鴿子和他做的史達林肖像。」

我們每個人都玩過用「我記得」進行的遊戲。透過這個遊戲，我們感受獲得一種愉快的感覺，因為我們分享共同的記憶，分享日常生活的點滴，營造了一種熱絡的氣氛。沙米．弗瑞（Sami Frey）曾於一九八八年，在亞維儂城舞台上踩著腳踏車，念誦「我記得」。每一道記憶都能在觀眾心底召喚過去的事件（「真的，我也是，我記得」）。分享日常瑣碎的事情可以拉近情感上的關係，每個人都有屬於他自己的「我記得」。

陳述過去的事情可以獲得情感規範的效果，也可以帶來愉悅溝通的效益，尤其當我們與他人分享同樣的回憶時：「你還記得嗎？以前我們一起到你父親的地窖偷喝紅色或綠色的巴斯克甜酒，後來又加入清水讓容量看起來沒變。」我們對於共患難的夥伴總是感到親切：

「你還記得，以前我們買了一隻法國棍子麵包，塗抹了沙丁魚罐頭的醬料，這樣就當作一餐。」當他人願意聆聽我們的故事時，我們已經接受他了。即使我們不見得經歷同樣的事件，只要我們相互傾訴，我們打造了一段共同的歷史，像是一段未來的回憶，也開始了一段親近的關係。

把事情說出來，就等於再感受一次這些事情，只不過是以另一種方式。這種做法就是把事件當時的情感召喚回來，然而這個情感當然不再是當下的情感，我們只能提到這個情感，重新塑造成敘述，再把它講給一個聽眾或讀者，讓他們能理解。談心事可以編織情感連結，這解釋了從中衍生出的依附感：「我剛才跟你講的，我沒有跟別人說過。從今而後，我全憑你處置了，祕密可能是個人愛情……或憎惡的人事物，因為你可以給我扶持。」

自我敘述並非空穴來風。要把自己化為場景，用字遣詞並非像公文列表上的清單或事由，都是一些沒有情感的符號。自我敘述是一場政治企圖：拯救自我。情感效果是不容忽略

23 培瑞克，《我記得》（*Je me souviens*, Paris, Hachette, 1978）。

24 譯註：羅伯－格里耶是法國新小說代表人物，電影製片。

的：它可以和聽眾建立情感連結。特別是，它試圖消弭分裂。彷彿講話的人在說：「直到今天為止，我只表達大家都看得見的部分，我們的文化與社會規範能夠接受的面向。我用溫和善良的部分讓大家接受我，喜歡我。然而對於內心沉痛的部分，我始終三緘其口，雖然不是祕密但卻一直擱置。從現在起，我要把我的故事公開呈現，我希望別人能喜歡我最真實的面貌。」

面對這樣感性的告白，我們可以聆聽並且表示欣賞。但是我們也可能對這番告白感到窘迫不已。這其實是兩種截然不同的相對性策略。喜歡他人的人生故事，就是透過文本或書本中介來接受一段親密關係。相反地，會對這樣的告白覺得困窘，感到尷尬不自在的人，他們只想要認可社會普遍可接受的關係。他們刻意要避開這種過於親密的關係，只願躲到社會刻板規範的保護下。「我」是不得體的，只能用「我們」來保護或取代。我是脆弱不堪的，我們可以做為延伸。這個認同的框架可以讓人高枕無憂，在這個框架體系中，大家可以交流，可以崇拜同樣的偶像，默念同樣的經文。個人只能置放在這樣的框架下才能表達。歸屬感雖然美好，但是卻遏抑個體性，不許同伴崇拜其他的偶像，呼喊其他的口號。

自我敘述則相反，是自我的解藥，當個體描述社會加諸於他的痛苦時，他展現出自己全然的個性：「我痛恨泛論分子，我痛恨法官、警察，還有神父，因為都是他們打造鞏固了這座社會大教堂，虛偽地保護我父親」，裘艾勒・阿雷斯（Joël Arès）這樣說，她是大學教授與作家，她經歷過一段悲慘的童年，自幼喪母，還遭父親強暴。[25]

喜歡自傳與不喜歡自傳的人，這個選擇揭示出兩種截然不同的存在政治：一邊是傾向私密關係，摒除社會壓力的人，另一邊是只能在限定框架下才能感到自在的人。

所有的私密回憶都是二度與社會的遭逢。第一次社會化時，我們的記憶被周遭生態披覆，周遭環境在我們的大腦裡留下痕跡。第二次社會化則是事件本身，事件往往因為周遭賦予它情感的重量，才成為回憶。遭孤立的孩子沒有回憶，而遭孤立這經歷會在他腦中留下痕跡。服用心臟病藥物和抗憂鬱藥物的大人，只要他們持續服用這些妨礙情緒的藥物，他們的記憶功能就出現停頓。[26]

一直要等到長大成人之後，我們才能夠在過去的經歷中尋找一些有意義的事件，透過現在的我們，透過聽我們訴說的人讓過往片段顯現出意義。所有的回憶都是一場對話，一邊是

25 阿雷斯（Arès J.），《寵兒》（*Le Fils favori*, Paris, Éd. Du Rocher, 1998）。

26 奇勒（Chill L.），普亨斯（Prins B.），韋伯（Weber M.），麥克果（Mc Gauh），《大自然》（*Nature*, n° 371, 1994, p.702-704），引述自《阿茲海默症現況》（*Alzheimer actualités*, n° 95, janvier 1995）。

周遭在我們內心銘刻的痕跡，一邊是我們想對他者揭露的自我。一段敘述是一場文字再現，描述了一連串有意義的事件。把自己的故事說出來創造一種一致的自我情感。這是一場和解，把自我分裂的兩個部分連結起來。社會認可的我終於和不可描述的自我祕密地和解了。主體終於可以講述自己，把自己的全部呈現出來，就好像他這麼說：「我遭受過的打擊導致我一部分的人格蜷縮在痛苦之中。我只能表達健全的部分，也就是其他人可以接受的部分，他們可以聆聽而不致感到不適。今天，我已經成為有錢的藝術工作者、作家或是律師。這個社會性的修復讓我有足夠的距離和權威，我可以暢談我的人格。當我總算變得完整了，我講述我曾經歷過的事情，我把我自己擺放到別人面前。我進入一道關係之中。我不必再二分為黑暗與光明。」自我的記憶於是經歷了二度社會化，滋養了我們的敘述，敘述永遠是一場相遇，一場講者與聽者的協商。

歷史化過程是一個治療的歷程，對於個人或團體身分的建造是必需的。當我書寫我內心的故事時，我知道我是誰，我如何反應，我喜歡什麼和我可以做什麼。當我們撰寫崇拜者的傳記，或是描繪自身經歷的戰役或痛苦的復仇時，我們都很清楚自己是誰，我們屬於什麼團體，我們的國家有哪些特色。

當記憶變得氾濫，我們成為過往的囚徒，就如後創傷症候群，或屈服於極權社會的口號之下

然而，一點小小的原因，可能是一個字，可能是一個影像，或是一個偶像，原本必要的歷史化過程會變得過度而遭到濫用。濫用記憶的情況，最明顯的例子就是後創傷症候群。數十年間，心靈受創者，在每次淡忘之際，在每次警覺性降低的時刻，又會再次經歷悲劇重演一遍，彷彿惡夢乍醒。他花了好久的時間才總算能夠講述自己的悲劇，因為之前文化幾乎每次都試圖讓他三緘其口。於是，他只能任憑痛苦吞噬著他，隱忍不發，而別人都無法理解為何他如此疲倦、失眠或容易暴怒，或是痛苦不堪卻無法清楚講述。

所有的故事都是一場社會協商。但是在後創傷的症狀中，受創主體是置身事外的，是周遭環境令他混亂，闖入他的記憶中。但是歷史化過程可以有意圖地進行記憶重建。

私人記憶具有意圖性，試圖治療受創者，辨識出他：「我在智利親眼目睹父母親遭人凌遲。有一天，我要扒下這些劊子手的皮。」受創者自我防衛是有道理的，不過往往只需要一個句子，一場相遇，就可以讓他挪用自己的故事來影響別人，讓對方感到罪惡感，或是把自己的復仇泛道德化。而他所屬的團體則是經常把這場悲劇工具化，藉以操縱公眾輿論。於

是，歷史化過程變成戰爭的斧頭，因為所有的民族都可以重新挖掘一段記憶。在這種情況下，歷史的功用變成解釋，具有訓誨意義的論證，政治性的道德訓誡，或是有計畫性的行動，過去變成跳板，隱藏了未來的動機。

群體記憶可以被有意圖的操控，這一點特別可以從國家領導候選人的企圖中展現出來，他們試圖掌控歷史的編撰者：「……教會決定制訂一套審查體系，因為隨著印刷術的發展，書籍嚴重威脅了宗教的教義。一六二二年，羅馬教廷發明了新制傳信部（Propaganda fide），試圖運用影像、事件和文本等技術來傳播信仰。拿破崙企圖掌控作家，讓他們只談論帝國創造的市民生活情況。二十世紀初，社會黨認為『基督教已經被超越了』。但是為了取代基督教，社會黨又故技重施。」[27]納粹主義強制單一文學主題，即尊重傳統：「認識祖先流傳下來的知識與物質傳統可以讓我們增廣見聞，使我們明辨是非。」[28]俄羅斯美學將人民英雄的事蹟一再地搬上螢幕，呈現這些英雄掙脫資本主義枷鎖的事蹟，中央委員會獎勵一些值得出版的書籍。今日，阿爾及利亞最受打壓的作家就是那些不吹捧掌權候選人，只寫其他主題的作家。極權主義運用過去文本鞏固自身。這樣挪用歷史通常是為了挑起仇恨。探掘過去的歷史，總是可以找到復仇的動機。遺忘並非上上策，因為如此一來我們會讓歷史重演。然而，耽溺於過去又會導致無止盡的報復。遺忘會讓歷史重蹈覆轍，而濫用記憶則又導向刻意的重複。

無關遺忘，也非挪用：唯一走出的方法就是理解。為了掙脫困境，獲得內心的平靜與記憶的連貫性，心靈受創者被迫將自己的經歷作成文本，獻給社會，而這個社會先是讓他們三緘其口，如今又要褒揚他們，把他們當作意識形態的武器，或是社會協商的關鍵。受創者才敘述了自己的苦難，就可以發現聽眾已經挪用這些苦難來渲染社會關係。主體會把事件當下的情感背景置入記憶。然而，受創者才完成自己的敘述，他就眼睜睜的看著故事逃離他，滋養了另一個他不熟識的論述。為了自我捍衛，他描述了自己的災難，然而他的聽眾是一個多變不忠的文化，同一個事件，意義卻可以無限歧異。

這世上也存在著一些沒有歷史的民族，他們並不比其他民族差。比古丹人（Bigoudens）居住那塊土地上，不知來自何處。吉普賽人沒有文字，他們以物件儀式來描述過去，自己並不熟諳其中意義。巴斯克人擅長吟詩，他們的詩歌來自語言和起源的神祕

---

27 理查（Richard L.），《納粹與文學》（*Nazisme et littérature*, Paris, François Maspero, 1971, p.18）。

28 日格勒（Ziegler A.），引自《國際觀察》（*Völkischer Beobachter*, 14, jan. 1937），引述李歐奈勒・理查（Lionel Richard），前文已引述，p.126。

性。對我們來說，總有一個時刻，歷史突然停止轉動，幾個世代之後，消失在霧靄之間。

相反地，猶太人在所有民族之中是最有歷史的。猶太民族與其他民族的歷史混在一起，要理解他們的歷史必須要以地圖集來輔助。他們會說多種語言，穿著各式服飾。他們的源頭蹤跡本身就是遷徙，可追溯到三千年前：因為拒絕將孩童獻祭而離開美索不達米亞的烏爾（Ur），定居於巴勒斯坦，迦南人的土地。他們適應下來，並在所有追隨的文化中留下印記：巴比倫、波斯、希臘、羅馬和拜占庭、阿拉伯和奧圖曼文明[29]，也積極加入現代西方和中東文明。他們的歷史闡明了一項事實：認識過去阻止不了悲劇的重演。當其他的文明漠視這一段歷史，它們正捏造一道神話，並把神話強加於猶太人身上。

當記憶使未來癱瘓，當操弄往事揭露一個極權的計畫，見證變成不可能的事

神話製造者用敘述雕塑一種文化圖騰，讓群體可以藉此認同。他們會以扭曲、變形的方式挪用歷史，製造小團體。例如美國人發明西部鄉村牛仔，以及善良的北方佬。他們使用了真實歷史的局部片段，但是對於令他們侷促不安的片段則隱匿不提，讓所有的移民自然而然地認同這場虛妄的歷史。

濫用記憶會將未來僵化於某種意圖之中，比起遺忘還會更加導致重蹈覆轍。學習理解歷史而不是挪用歷史，可以將記憶與過去做連結，過去引發創新，而記憶會以違抗的方式給出意義。

直到目前為止，西方社會對於記憶都沒有給予足夠的重視。西方近代的祖先崇拜極有可能就是一種政治意圖。克羅維斯（Clovis）返回法國，義大利帕達尼亞（Padanie）的出土，耶路撒冷的迦南瓷器，美國境內出土九千年前的高加索人骨，這些都是一種記號，彷彿在說道：「滾開，我們才是最早來的。」或許是真的。問題在於「我們」是誰，才能決定誰該退場。美國哥倫比亞河發現的遺骸是高加索山的，所以是白種人，那麼所有的印第安人都應該閃開。過去被用來規劃未來，虛擬了一個意識形態文法。

這個荒謬的邏輯正可透過社會身體的可塑性來理解。幾年的時間內，「我們」可以被清楚地界定，大約就是組成一段文化潮流的時間。社會的身分只有暫時性的真實。唯一不變

29 巴爾納維（Barnavi É.）主編，《世界猶太史自創世紀至二十世紀》（*Histoire universelle des Juifs de la Genèse à la fin du XXe siècle*, Paris, Hachette, 1992）。

的，就是變化。然而，創傷者依舊挾帶著昔日的傷痛，在他的記憶中，在他個人的身分中。漫長的人生中，我們會緩緩地改變自己。而一段文化潮流可以迅速熄滅或顛倒過來，甚至可以說，在一段個人傳記中，個人面臨著變動的社會背景。一九四六年，一個波蘭天主教徒抵達美國，他曾經遭受納粹德國的意識形態之荼毒，兩個小孩也被擄走，寄養在亞利安人的家庭中。當時許多波蘭文的報紙都還可以允許這樣的敘述。創傷者可以陳述他的遭遇，提供他的見證。今天，波蘭文的報紙都已經消失了，因為孩子們只會講英文。但是也出現了一些大學，考試的時候是用西班牙文進行，日後可以獲取美國頒發的畢業證書。也有一些亞洲學校，亞洲學生若是跟西方人交往，會被認定為有「漂白」之嫌。同樣的波蘭人，同樣的內心創傷，如今只能三緘其口，沒有人會願意聽他講述。

要如何呼吸，要怎樣描述自身的不幸，才能完整介紹自己，才能把自己如實地呈現給他人，而聽眾的文化不斷在變，同樣的事件，意義卻紛歧不一？當普利摩．李維（Primo Levi）從滅絕營回來之後，一九四八年時，他想要做見證，他的書只賣了七百本。當時，他已經是個知名的化學家。換言之，只有他的親友買他的書。物換星移，來到一九八七年，整個文化氛圍變了：這類型的書籍風靡了整個歐洲，《如果這是一個人》（*Si c'est un homme*）幾乎賣到十萬冊。

二戰後，集中營歷劫歸來的戰俘只能三緘其口。他們既奇怪又突兀的言論可能會破壞晚會的氣氛，威脅到浴火重生的法國。他們的見證可能會妨害希望。一九七一年，佛里頌（Faurisson）教授的論文研究否認主義者[30]，提及他們會在記憶中進行清除的工作，這樣的論文在當時毫無困難就可以被接受。

沉默是文化同謀的結果，大家都有份。要集中營戰犯不要講述災難當然也是要讓他們不要在傷口上灑鹽，希望他們變成跟其他人一樣。「眼淚，這是什麼？無所謂，生活還是要繼續」[31]，芭芭哈曾說過。重返融入社會已經不可能了。所有的浩劫都必須蛻變，若是不轉變，就只能任憑傷口惡化，放縱黑暗心靈蔓生。總之，不講話可以讓人不要再受苦，就像一個傷患不要別人移動他。

所有的文化都會有否認的企圖。我們似乎很少提及第一次世界大戰後的否定主義。戰爭的恐慌前所未見，當時的政府決定不要提及，免得夜長夢多：一百五十萬人喪生，四百萬人

30 譯註：否認主義（négationisme）否認二次大戰期間反猶太的德國納粹集中營的存在，質疑曾經發生猶太大屠殺事件。

31 芭芭哈，《黑色鋼琴》，前文已引述，p.31。

受傷，五百萬人得了不治之疾。每個家庭都有人喪生或終生殘廢。而且還必須閉口不談！路易・馬翰（Louis Marin）是一九二一年法國南錫的眾議員，他主張推翻否認主義。老戰士協會於是被成立了，協會在每個村裡建造了紀念性建築物，樸素與典雅兼具，紀念碑上銘刻的不是將軍或官員的名字，而是街角的肉鋪老闆、村里的里民的名字。這可說是小人物、弱勢族群的報復，是他們參與了恐怖的戰爭，而大家居然要讓這些事情銷聲匿跡。「一年一度的追思會並非由公共單位舉辦，而是老戰士協會籌辦。」[32]「這否認主義的意義為：『你們快點死掉吧，你們的苦難讓我們感到困擾。』」但是小市民群起反抗。他們把自己的苦難寫下來，亨利・巴布斯（Henri Barbusse）的小說《火焰》（*Le Feu*）獲得了龔固爾文學獎。[33]

當現實令人困窘，大家就致力於社會否認。有人就開始醜化老戰士協會定期的聚會，讓他們二度緘默。這些從地獄歷劫歸來的人講述過去時，引來哄堂大笑。阿爾及利亞的衝突，一九六〇年代的「警察行動」，更是一場「被沉默」的戰爭。出於一些莫名其妙的情感因素，許多在地法國人都認為部隊是去阿爾及利亞度假，捍衛殖民地的利益：三百萬士兵當中，兩萬五千名死亡，一百萬人受傷，還有數千人下落不明，這些人幾乎都被否認掉了。

與情感性否認相反，記憶的掌控則是一個極權的符號。否認現實曾是蘇聯一九五〇年代的規則，當時共產主義的發展正如日中天，蘇聯的知識分子都拒絕聽見勞動收容所的見證，對於昔日蘇聯大公審、政治肅清和反猶太主義的真相也否認聽見。為了要讓理論連貫一致，必須箝制會讓理論不攻自破的訊息。秩序籠罩再現。真實在他方。

■種族歧視者無法設身他人的角度，寧可從屬於一個名為「集體記憶」的神話文本

情感性否認和受創者的否認屬於同一種秩序：否認是一種防衛，可減輕痛苦。但是否認主義是意圖性的。它會在論述中展現滅絕的企圖，它會付諸行動。心理否認可以讓人度過一個寧靜的晚會，但是意圖性的遺忘則可以營造種族歧視者那種一廂情願的幸福。

---

32 文森（Vincent G.），〈公認的戰爭，沉默的戰爭和身分之謎〉（Guerres dites, guerres tues et l'énigme identitaire），引自亞賀耶斯（Ariès P.），杜比（Duby G.），《私生活史》（*Histoire de la vie privée*, op. cit., t. V, 1987, p.211）。

33 譯註：《火焰》為法國作家亨利・巴布斯（1873–1935）所著戰爭內容自傳小說，以報紙專欄的方式作為小說形式。

說幸福實在不為過。一九三〇年代，德國電影工作者萊尼・里芬斯塔爾（Léni Riefensthal）[34]拍攝柏林奧運時，她讓納粹影像入鏡，在不知情的情況下，她說。片中的年輕人長得好看，頭髮金色的，眼睛看向天空。光線突顯出他們的肌肉線條。他們不斷地贏得獎牌，產生了一種貪婪的愉悅感，因為他們凌駕了其他國家。所有這一類型的影片都把他們的影像意義化，傳遞出秩序、階級、榮耀、純潔、武力和祖先的意義。群眾整齊劃一，領袖走上燈光區，尋覓種族創辦人的金科玉律。同一時期，共產主義的電影則是呈現了軍隊遊行的威武壯大，將勇敢的人民與他們的領袖連結起來。

在這兩種情況之中，極權的戲劇和群眾的景象調度組成了一道影像文本，隱含著否認主義。為了讓再現清楚且具說服力，為了讓再現產生證據的效果，必須阻止負面的見證出現。所有的爭論都會使影像效果變弱，不斷將影像分化，從而動搖了信念。質疑會破壞幸福。提倡民主的人就是在破除迷魅。民主人士會讓我們發現，黑人不是只會跳舞的蠢蛋，他們和我們一樣能夠討論藝術，探討哲學，民主人士會讓那些情感修辭不攻自破，這些情感修辭一直讓我們相信我們的本質優於其他民族，說我們因為生對地方，長對膚色，於是就不用提出品質的證明。我們存在，故我們優越。這個「貴族血統」[35]讓我們豁免提出證據的繁瑣。如果不幸地我們發現他人也同樣具有價值，我們的喜悅無法徹底，因為我們必須接受不同的意見。如果罪惡感使我們無法嘲笑他人，壓垮他人或拒斥他人，歸屬感也會無法突顯。[36]

種族主義能大行其道，製造幸福，正是得力於否認機制。選擇性的盲目會讓某些資訊無法抵達意識，也會破壞純粹的再現，所有的種族主義者都需要透過對他人的蔑視，製造幸福感。

集體失憶是規則，否認主義非常有利可圖，它可以製造清晰的意識，準確的行為準則，美妙的歸屬感，如此一來便可以不用去思考受難者。這種滅絕記憶的企圖會體現在焚燬書籍，讓見證人無法發聲，以及重寫歷史。對於一個食古不化的秩序來說，再容易不過了！否認主義這道食譜相當有效，也因此在每個歷史的轉折時期經常被使用。西元一世紀時[37]猶太人試圖讓猶太溫和派的蹤跡消失；異端審問制只允許單一信仰，長達六百年的時間（從十三

34 編註：德國演員、導演兼電影製作人，才華橫溢，在電影界及攝影界留下重要影響。因執導一九三四年納粹黨代表大會的紀錄片《意志的勝利》與一九三六年柏林奧運的紀錄片《奧林匹亞》而聲名大噪，二戰後遭到逮捕，終其一生無法從事最熱愛的電影事業。

35 芬凱克爾勞特（Finkielkraut A.），《虛無的記憶》（*La Mémoire vaine*, Paris, Gallimard, 1989）。

36 布朗寧（Browning C.），《市井小民》（*Des hommes ordinaires*, Paris, Les Belles Lettres, 1994）。

37 譯註：當時反抗羅馬入侵者的猶太人。

到十九世紀），試圖焚毀異教思想者的蹤跡；一九三三年納粹分子在柏林焚書，同樣也是一種意圖性捏造記憶，正如希臘的軍政府時期，正如智利皮諾契特政權，正如所有的人類組織的集團，他們與過去的歷史搏鬥，其中隱含著不可告人的企圖。集體記憶是一場冠冕堂皇的言論，意圖將心靈受創者消音，只允許附和這場言論的人發聲。

個別記憶經由他人的情感而存在我們的思想中，這個個別記憶即是一場社會戲劇

個人記憶特別受到環境的影響。感官環境會形塑某些大腦區塊，轉變成情緒板模，讓個體對某一類型的資訊特別敏感。接著，周圍的環境又讓某些事件承載著情感，人便是以這些事件滋養自己的回憶。

如果我們的推論暫時告一段落，我們可以下一個結論：個人是一個容器，周遭環境會把回憶放進容器中。然而，我們的內在語言，以及我們自我的敘述會製造出一個敘述身分，一種再現的穩定性，使我們在環境變動或與我們衝突時，依然可以做自己。

我們花了很多的精神試圖要讓這兩道敘述能夠彼此鑲嵌疊合，兩道敘述都宣稱自己是真實的。然而，事實是存在的，目擊者堅持他們親眼看見這個事實。社會敘述也都宣稱報導的

是真實。

我們可以推論，見證資料具有一種官方建構的特性。孤獨無依的兒童因為默默承受恐怖的事件，他們的記憶對這些事件反而模糊不清。這或許就是見證資料[38]的官方建構特性，記憶的使用本身就是一種官方建構化的操作。

當一位偉大的見證人，集中營的倖存者或是老戰士，參加紀念會時，我們不知道他是何許人也，也不知道他的經歷。可是既然他的出席便能產生意義，他必定挾帶一些線索可以引發這場召喚：彩色橄欖帽、金質勳章，線條睡衣或刺青的上臂，凡此種種構成足夠的標誌，召喚一份合理的文本。他身體構成的影像，他的出席所召喚的信號，正以貼切的意象訴說一段悲劇：堆積如山的屍體……冒出濃煙的煙囪……納粹冷笑虐殺的殘酷。幾位積極提供見證的倖存者都發現，他們的苦難被如法泡製，轉換成一些影像敘述，一段無聲的歷史，像是一則廣告。這種沒有思想的論述最後變成了刻板僵化的場景，久而久之也無法引起原初的情緒。

38 都隆（Dulong R.），《親眼見證》（*Le Témoin oculaire*, Paris, École des hautes études en sciences sociales, 1998, p.47）。

當倖存者扮演自己苦難的代言人時，這對他的內心世界來說是一場重要的任務。他的見證可以把他的恥辱轉化成建設性的訊息，實踐記憶的義務，讓歷史悲劇不再重演。他是以這種方式來療癒自己，畢竟談論這些事件時，他把事件轉換成情感。原本荒謬的災難也因此有了意義，甚至變得可以承受，因為他把災難變得有用。然而，這卻不符合聽眾的內心世界，或是一些沒有經歷蛻變遭遇的觀眾。一位昔日的集中營倖存者，受邀出席年輕歷史學家的會議，現場他講述了一些駭人聽聞的聳動內幕，大家彷彿在聽一些前所未聞的口號。

一九五〇年代，小貝爾納自奧斯威辛集中營脫險後，每年都必須在中學罹難者紀念碑下方擺上一束鮮花。在一片肅靜中，外面全是鮮花，他穿過兩列立正站好的教師與學生隊伍。他不幸的過往，大屠殺的回憶，如今已經變成一場枯燥的儀式：無聊的靜默，幾個發出聲響的步伐，一個鞠躬敬禮，然後，當這些勤務儀式結束時，生活還是繼續。所有人的臉孔突然又活了起來，聒噪喧囂聲持續著。

大費周章，煞有其事！

不斷地被問「為什麼」，見證卻又只會惹惱他人，溝通是不可能了。周遭環境要小孩緘默不語，接著卻又責備他隻字不提。正是這個周遭環境把他經歷過的考驗變成了一段無聲的故事，一齣標準化的戲劇，然後周遭不再對此感到興趣，只想安安穩穩地活著，不願受到罪惡感折磨，也不必因為他人的磨難而感到困窘。然而，相反地，如果他人的災難見證有一點什麼猥褻或是聳動之處，群眾嗜血的特性又被挑起，讓那個小孩又更加有口難言。

記憶不只是事件透過他人情感在大腦留下蹤跡的一種生命銘刻。記憶有一段故事，是所有的心靈受創者必須共同承受的。如果記憶是近期的[39]，受創者必須把記憶轉成文本，才能控制他們的情感，把考驗社會化，讓自己感覺和眾人一樣。

當周遭一片喧嘩，沉默形成強烈對比。無話好說。必須撐下去。當受創者重返社會，不論是地震過後安置到倉庫，或是從集中營歸來住進巴黎呂特西亞飯店，或者遭到強暴或侵犯而送進了機構，四周變得喧嘩，雜音此起彼落。幾乎與此同時，聽眾就已經要他們不要說話了。負責照顧創傷病患的人有時會喚起記憶的回返，一種每個人內心深處都還存留的記憶。這多少解釋了人格的分裂，也可以理解創傷者雖然想要把一切都道出，卻只能拐彎抹角，支吾其詞。

講述自身不幸的遭遇，會遇到這樣的要求：只能說出社會可接受的部分。記憶與場景正是從這個對立產生。先是不許受創者說話，因為他們與侵略者的相近令人憎惡[40]，接著又把

39 納梅（Namer G.），《記憶與社會》（*Mémoire et société*, Paris, Méridien-Klincksiek, 1987, p.143）。

40 維卡赫羅（Vigarello G.），《強暴的歷史》（*Histoire du viol*, Paris, Seuil, 1998）。

他們的不幸納入場景，塑造成官方的崇高理念。這些人甚至還認為，從集中營歷劫歸來的倖存者本身也是有問題的，因為據他們所說，這些倖存者正是因為和侵略者共謀才得以倖存，他們每次召開政治會議時都會要求一位昔日的集中營倖存者列席。

一次世界大戰後的否認主義，後來終於讓老戰士協會解除，然而這個禁忌才一突破，另一個「合情合理」的敘述隨即開始啟動。到了後來，許多老兵索性都只講述觀眾期待聽到的內容：「白布上沾滿了鮮紅的血跡」，而刺刀殺敵的戰役變成了千篇一律的場景，失真浮誇，但最能滿足觀眾的期待。道出事實，講出經歷，這肯定會摧毀金碧輝煌的表象，招致抨擊。事實上，砲彈爆炸烙下的傷痕產生的膿包比流出「鮮紅的血」還多，因為鮮血才流出就沾上泥濘了。而刺刀可以說根本就沒有派上用場。[41]只不過在敘述中，刺刀可說扮演崇高偉大的角色，刺刀講述著民族英雄光榮捐軀的訓誨故事。

就連見證人自己最後描述的，反而是別人根據他們的冒險所編造的神話，而非他們腦海中的真實回憶了。那些得獎的小說，賺人熱淚的電影把這些滿佈陰鬱和泥濘的士兵轉變成金光閃閃的英雄，由他們訴說小人物的勇氣與高貴的情操。因為是小市民拯救了榮耀，而非士官兵，士官兵根本沆瀣一氣，自甘墮落。當時許多決策者都背負著導致百萬人遭殺害，導致整個社會陷入憂鬱的千古罪名，唯一逃離這種罪名的就是貝當[42]將軍。[43]然而他的勇氣與正直把他推入神話，促使他二十年後，即一九四〇年七月一日合法參選，讓他參與了另一場大殺戮，這場大殺戮之後則又引發另外一場否認主義。

美學的粉飾太平之下，見證往往會分化團結、扼殺神話

美學的需要極其迫切，甚至能使不堪的真實變得緩和。客觀的見證總是帶來情緒性的煽動，其功效通常比神話還要強烈。然而，真實的見證往往與社會期待相違背，反而分化了群體的團結一致，扼殺了夢想的可能。見證者如果想要與社會建立關係網絡，必須懂得善用

41 克魯（Cru R.），諾東（Norton J.），《戰士回憶錄之分析與批評，一九一五—一九二八法文版》（*Essai d'analyse et de critique des souvenirs des combattants édités en fraçais de 1915 à 1928*, Paris, Éd. Les Étincelles, 1929）；新版《見證人與見證》（*Témoins et témoignages*, Nancy, Presses universitaires de Nancy, 1994）。

42 編註：貝當（Henri Philippe Pétain）在一戰中因與德軍血戰凡爾登而揚名天下，卻在二戰中與納粹德國合作，成立維琪傀儡政權，擔任總理。維琪政府頒佈反猶太人的法律，抓捕了法國境內百分之八十五的猶太人，並將七萬多猶太人強行運往波蘭的集中營。

43 普洛斯特（Prost A.），〈從一次世界大戰到今日〉（De la Première Guerre mondiale à nos jours），引自亞賀耶斯（Ariès P.），杜比（Duby G.），《私生活史》（*Histoire de la vie privée*, op. cit., t. V, p. 211）。

神話。因此，如果他一五一十地把腦海中的記憶陳述出來，他只會陷入孤立無援，孤軍奮戰的處境，吃力不討好。描述這些骯髒的傷口遍布泥濘，描述沒完沒了，純粹打發時間的紙牌遊戲，描述戰爭下人們苟延殘喘，彼此漠然，對於死亡感到荒謬，卻也只能默不吭聲的接受……講述這些見證只會在聽眾的心中引發悄然的憎惡感，他們寧可遺忘，免得過度蔑視這位歷劫歸來的見證者。相反地，一個擅於言詞的人，自然懂得用字遣詞，把噁心的畫面，死亡的殘酷轉化成史詩般的壯烈英勇，敘述的功能就在於此。這樣的見證者雖然避重就輕，可是卻能普遍受到歡迎，因為他不會讓我們不堪，甚至讓我們能夠承受真實，他已經把真實轉化了。人與人如果想要共同生活，彼此互信互愛，就不得不從屬於神話，而不是真相之中。把真相原原本本曝現出來的人只會惹人嫌，他註定遭人排擠。

當小貝爾納描述他遭判死罪而被拘禁並遣送集中營的往事時；當他描述一個夜晚，德軍如何聯合法國市民，頭戴毛帽、眼上一副黑框眼鏡，逮捕一個六歲孩子時，沒有人相信他說的話，因為這個事實在當時看來完全虛妄。而當他把他的逃亡轉為敘述時，大人們都忍不住放聲大笑，因為他的故事根本天馬行空。有一天，一個正直的人，甚至是位名人，跟他說：「這幾塊錢給你去買糖果，你編的故事好精采呀！」就這幾句話讓小貝爾納沉默了五十年之久。受害者只能說一些文化環境想要聽的事。但是禁止他作見證令他陷入痛苦。如果他不出面做見證，無異於背叛。但是他只能根據文化強制出的語言有條件地訴說。

現在的考量會特別需要某些見證內容，讓另一些見證不出聲，彷彿集體身分，亦即文化上只透過再現而存在的「我們」，需要某些過去的敘述來實現未來的計畫。

戰後的見證論述獨厚抵抗運動分子。多虧了這兩萬人（當時居民共四千萬人），法國人的形象得以提升，從一九四〇年的戰敗與辱國的佔領期傷痛中走出。每個敘述，每部電影都有意無意講述著所有的法國人都是抵抗分子，即便外表看不出來。看過諾埃—諾埃（Noël-Noël）演的「沉靜的父親」（一九四六年）的人都會認為這位一家之主在戰爭期間似乎有點膽小怕事。別上當了，各位觀眾，他表面上裝作服從，實際上這樣的偽裝更有利於他從事抵抗運動（或許就像我們每個人？）。戰後那幾年，文化環境難以置信地充斥歡樂氣氛，真實是怵目驚心的，想像才是無限美妙。這部電影就像其他小說，或是真實的見證文獻，都反映了當時的文化只想耽溺於波瀾萬丈的英雄事蹟。

在這樣的背景之下，普利摩・李維、羅伯・安特姆（Robert Antelme）[44]、大衛・盧塞

44 譯註：二十世紀法國詩人，集中營文學作家。

（David Rousset）[45]和其他一些作家，都曾經試圖想要娓娓道來那些他們經歷過的無數恐慌事件。然而文化並未給他們話語的權利。相反地，一九八〇年代，人們又開始想要理解所發生的事件。城市重建與家庭再造已經不再是當務之急了。我們可以再回到過去並尋求解密。在這個新環境下，見證資料又顯現其新意。

二戰期間，維琪政府官員參與史上前所未聞的行政體系冷血殺人，在一九五〇年間，這段慘不忍睹的歷史，大家都刻意避而不談，視而不見。當時副省長的一個簽名，一個簡單的依法處理，將一千九百個成人和兩百六十三名兒童判處死刑，這樣的簽署公文並沒有什麼重大的意義。一些倖存者異口同聲的「我經歷過集中營」這句話並沒有被聽見。相反地，甚至那些最後終究重返社會的人，反而回過頭來煞有其事地向自己人解釋他們所目睹的事實有誤，因為這不見得吻合他們原本應該看見的事情。這個時代的決策者患有社會心理重聽症，只想要守護整體性與重建的熱忱……讓見證人沉默消音。一九四五年暴露的問題一直到一九八一年才被聽見，這個時期的社會環境對「辦公室罪行」[46]有了另一種看法。

但是誰又能理解，在一九九八年的社會背景下，對事件的看法與一九四二到一九四四年間的文獻檔案中的意義是不一樣的呢？有人找到當年訂購棉被、咖啡和清乾淨的車廂的資料文件時，這個昔日的副省長把這份文件當作是自己人道行為的證據。誰還會記得，這件唯一的棉被是用來幫小孩分組，方便到時候把他們關進同一車廂之內？咖啡都只有在夜間才發給他們。咖啡是必要的，可以讓人們排列成隊，以利點名。至於載牲畜的車廂，那不是像公務員說的是用來載行李的[47]，當時這些車廂都被彌封，把小孩子關在裡面，不讓任何人逃跑。

每件事情都是真實且正確無誤地被撰寫出來：文件檔案裡的確記錄著棉被、咖啡和運載用途的車廂。但是這些物品隱含的意義卻可以和當事人的說法背道而馳。在一九四〇年戰爭的真相裡，他們明明助長了死亡，然而在一九九八年的敘述中，他們搖身一變，全都成為人道救援者。意義不在檔案文件中，不同的時空脈絡，事後再回顧，時間的推移改變了事實的意義。

所有的見證都隱含預設的觀點。你之所以想要講述一個事件，那是因為你對過去和周遭環境特別有感覺。今天你把經歷的這段往事描述給人聽，那是因為你的敘述能夠替你平反，洗刷冤屈，或能對社會的論述產生作用力，進而改變集體的意識形態。當普利摩・李維得知他的書將被譯成德語時，他說：「……我感覺被一種強烈、前所未有的情感所包圍，彷彿

---

45 譯註：二十世紀法國集中營文學作家。

46 波瓦—黛勒貝（Poirot-Delpech），《巴彭：殺人辦公室》（*Papon : un crime de bureau*, Paris, Stock, 1998）。

47 巴彭（Papon M.），《蕾亞的世界》（*Le Monde de Léa*），法國電視一台，一九九七年十一月二十七日。

贏得一場戰役……。這本書真正的對象，這本書像武器般想要攻擊的，就是他們，就是德國人。」[48]

這樣的說法相當有說服力。應當思索的不是我們的回憶，而是我們回憶敘述究竟是要針對誰、攻擊誰。記憶可以幫助我們建造敘述的身分，遺忘則可以增添自傳敘述的連貫性，讓我們不要太痛苦，或過於懷抱怨恨。如果我們熱愛生命，就必須把我們的故事講出來。但是如果我們熱愛怨恨，我們的回憶敘述也會變成一把銳利的武器。

■社會文本必須一致連貫，因此所有的機構，即便是最慈善、最不可或缺的機構，都讓受害者噤聲不語，讓他們的見證也無以名狀

現代精神病學才於一九七〇年代成立，一九八一年就有論文揭露精神病學者的否認主義。[49]我略有所聞。昔日的精神病醫院的行政人員和幾位年屆退休的護士，跟我談到戰爭期間精神病醫院裡的日常生活。但是在這個世界裡，所有人都是瘋子，不只是病患。一些慷慨良善的人穿梭在猙獰的護士之間，一群昏庸無知的醫生和一群發現治療新方法的人一起工作。

在一九四〇年代的精神病醫院的文化環境下，最常談到的話題就是為生命奮鬥，或是適者生存，不適者淘汰的論述。十二萬名心理疾病患者擠爆診所，食物供應限制，看護不足，以及排除妨害族群的人[50]，這些因素都導致死亡率從一九三八年的百分之六點八八提升到一九四一年的百分之二十六點四八。後來才有人提出由於飲食匱乏造成的水腫病症。然而那消失的四萬名病患並未留下蹤跡，也沒有寫下任何敘述。當他們能夠見證時下所談論的恐慌，往往被斥為危言聳聽的瞻妄，但是真正得了失心瘋的是這個社會。這些病患悄然無聲地死去，正如戰後大家所期望的，當時大家急欲重建家國就不理會過去的舊帳。

人的意識是健忘的，或許因為如此，精神病醫院才能開張，精神病醫師、護士或管理人的考試才又開始，悄然無聲地進行著。否認機制保護了決策者，今天他們依然希望不要輕舉妄動，喚醒那些潛藏在底層的恥辱記憶，而採用修正主義的策略讓悲劇能夠被撫平。他們對

48 李維（Levi P.），引述都隆（Dulong R.），《親眼見證》（*Le Témoin oculaire*, Paris, École des hautes études en sciences sociales, 1998, p.112）。
49 拉封（Lafont M.），《溫和的大屠殺》（*L'Extermination douce*），論文，里昂，一九八一年。
50 卡瑞勒（Carrel A.），《人類，這個異鄉人》（*L'Homme, cet inconnu*, Paris, Plon, 1935, p.297 et 405-414）。

於數字斤斤計較，認為「正常人」也應會渴望某種匱乏，並解釋有許多寄宿生在戰間期回到他們的家庭，這一切都是真的。

修正主義能夠大行其道，主要也是因為悲劇敘述使然。要將創傷記憶搬上舞台，最後一幕就是大事化小，小事化無。不論是他人的反應造成的私密記憶劇場，還是公開表述的神話劇場，這個記憶的舞台呈現慢慢地會把恐慌淡化處理，最後熄燈。

「是啊……這沒什麼大不了的……亂倫，很快就可以走出來的……大家都知道德國人很兇惡……我無法忍受在學校教科書裡讀到殖民主義」，這些都是修正主義者的習慣性反思，只是為了求一個心安理得。

當然，所有人都是同謀共犯：受害者如夏洛蒂．黛勒波寧願「走出歷史，為了走入生活」[51]，就像有些人費盡苦心就是不想聽到一些擾人清夢的細節。這種保護性否認機制在受創傷者與照料者之間的關係引發不尋常的混亂。當美國士兵解放集中營時，他們笑不出來，甚至說不出話來，面對這群活死人，而這些活死人也厭惡地望著正在看他們的美國士兵。幾乎所有年紀幼小的亂倫受害者都釋放出抑鬱的警訊。但大家都要她們三緘其口，跟他們解釋說是他們自己在胡思亂想，或是指責是他們主動招惹他們的父親。我們會對集中營倖存的孩童要求，請他們提供失蹤父母的死亡證書，就像今天我們要求盧安達孩童提出目睹大屠殺的相關證據一樣。我們向逃亡的孩子詢問需要幾年的時間繳納退休基金，我們花大錢請他們去長途旅行，只為了收到一件遙遠的什麼機構捐贈的毛衣，根本不能穿。我們爭論不休，質疑徵調豪華旅社來接待一些骨瘦如柴的倖存孩童，是否會導致他們墮落腐敗。到了最後，幾乎所有受害者都是以精神分裂的心理狀態來適應這樣的日常的荒謬。這份以「正常人」為對象的敘述，根本不能理解他們，這樣的敘述無異於另外一道祕密獻給受難者的論述，同樣都屬於恐慌的世界。

這個記憶的雙重社會性有一種奇特的效果。受創的個體感受到作見證的侷限性，而無法說話，因為社會不讓他說話。但是同時社會又對他強加記憶的義務，用他受苦受難的文本來滋養團體的神話。就是這種記憶的義務，讓從集中營歸返的老戰俘「穿上制服」，站立在法庭的低處。也是這種記憶的義務，讓遭受強暴的孩子走上講台，公開談論遭受性侮辱的經過，面對著坐在台下的專家學者。也是這種記憶的義務，讓共產黨員哈希尼耶（Rassinier）開啟否認主義的潮流，否認遣送集中營期間受的苦，而且否認曾經見過煙囪。總之，這種記

51 黛勒波（Delbo C.），《無用的知識》（*Une connaissance inutile*, Paris, Éd. De Minuit, 1970）。

憶的義務製造出假回憶症候群。

一九七〇年代，當我們開始關注亂倫的問題時，出現了兩種完全相反的反應。最常見的是否認，就像這位醫生跟他的未婚妻說的：「肯定是妳胡思亂想了。」團體否認也解釋了為何這位教師離開他教書的鄉鎮，因為他揭發一位父親的亂倫行徑，但鄰居們卻為這位父親辯護；團體否認也讓我們了解，為何這位記者對我問了一些問題之後突然大呼：「我不相信，通常孩子不會這樣做的呀！」

假記憶，真幸福？

這些受難者遭受到的如果不是否認，就是過度熱情。一九八〇年美國成立了找回記憶的協會。這些「精神治療師」讓長期被「壓抑」的創傷記憶重新湧現。接著開始出現一系列大規模的訴訟案，許多父親被當庭審問，遭到判刑。直到有一天，受害者突然坦承，根本沒有性侵這一回事，也不斷詢問——但為時已晚——為何會有這樣驚世駭俗的「回憶」。

心理學家伊莉莎白．洛芙特斯（Elisabeth Loftus）一直強烈質疑性創傷是無可醫治的觀點，畢竟性創傷是所有神經官能症的病因。事實上她本身也是曾遭受強暴的孩童，後來透過心理韌性的發展，成為一名事業有成、容光煥發的女性，正巧她也是研究記憶的專家。[52]

偽心理分析的言論是這樣的：如果今天你感覺過得不好，那是你的童年時曾遭受強暴，自我壓抑使你無法回溯這段遭到侵犯的回憶。只需要把回憶講出來，就可以找回身心平衡。這種作法，在美國出現了非常短暫的熱潮，如今法國也尚在發展。這解釋很清楚：「……記憶蘊藏許多驚奇的暗示感受性，永遠讓你意想不到。」[53]

暗示感受性。由於催眠術惡名昭彰，我們都低估了影響心理學。一些現代作者例如托比・納東（Tobie Nathan）[54]、丹尼爾・布尼烏（Daniel Bougnoux）[55]或尚・博瓦（Jean Léon Beauvois）[56]讓這個概念在不同的領域重見天日，他們揭示我們要如何改變人的記憶，在他

---

52 洛芙特斯（Loftus E.），凱特盛（Ketcham K.），《錯誤回憶的病症》（*Le Syndrome des faux souvenirs*, Paris, Ed. Exergue, 1997）。

53 出處同上，p.23。

54 納東（Nathan T.），《有療效的影響力》（*L'influence qui guérit*, Paris, Odile Jacob, 1994）。

55 布尼烏（Bougnoux D.），《假設。催眠，影響，焦慮》（*La Suggestion. Hypnose, influence, transe*, Chilly-Mazarin, Les Empêcheurs de penser en rond, 1991）。

56 博瓦（Beauvois J.-L.），《自由服從條約》（*Traité de la servitude libérale*, Paris, Dunod, 1994）。

們的精神裡植入錯誤的回憶，甚至也可以為這些只存在想像中的事件千真萬確地寫成敘述。我們可以改變他們的傳記生平，透過影響力，讓他們對自己的形象起了轉變。我們也可以治療他們因改變形象而產生的恥辱感。這便是精神治療的過程。然而母親對孩子的影響，父親對家庭的影響，或者文化群體對個人的影響，運作的方式也不外乎如此。這個影響的過程讓我們可以共同生存，分享同樣的神話。光是感受同樣的情感，崇拜相同的再現，執行共同的儀式，就可以創造一種美妙的歸屬感。但是請注意，真相的敵人不是謊言，而是神話！我們總是對於謊言避而遠之，且試圖揪出謊言，而我們熱愛神話，對神話膜拜五體投地。並非說服導致盲從或順從，往往是一種行為的場景渲染把情感結構化，讓情感傳播開來。[57]

如今我們既已知道記憶與情感密不可分，這個實驗性的結果也意味著我們置入記憶的是關係，而不是事件本身。因此，我們很容易就能受到與我們感情連結的人的影響。戀愛的時光和恐怖的經歷，因此成為我們自傳建築穹頂的關鍵。我們深愛過的人最能在我們的生命中留下標記。「永難忘懷，第一位抱在懷中的女子」，布哈桑斯（Brassens）的歌詞這樣唱著。對這一個美妙頃刻的回憶會變成生命敘述中的時間標記，就像一件強烈媒體化的文化事件：甘迺迪總統遇刺那天，我在我岳父家裡。如果不是這件引發情緒的社會事件，我可能會忘了這趟聯絡情感的拜訪。

但是糟糕的是：仇恨也是一種情感。因此，我們也允許憎恨的人塑造我們的回憶，並參與我們的身分，幾乎和我們深愛的人有同樣的效果。艾維・巴贊在《毒蛇在握》中描述他如何在他厭惡的母親芙勒克什（Folcoche）身邊，建造起他自己的身分。受虐兒的記憶中上演著一部電影，只有在他們回憶的內心世界中播映：「每次我舉起手來打小孩，我就會想到我母親，悲傷將我止住。」美麗又命運多舛的女歌手芭芭哈，直到晚年都依然感到遺憾，她父親在塔布的一個夜晚對她做的事情令她一輩子活在恐怖的陰霾之中，而令她遺憾的是，父親直到過世為止都不曾表達過懊悔之類的話，否則女歌手原可能原諒父親，而且也不用一輩子活在怨恨之中。「他想要在死去之前／在我的笑容裡取暖／然而當晚他就死去／沒有一句道別，也沒有一句我愛你」[58]然而，神話是一場社會性的再現，其影響力之大，足以讓情感渲染著每一場記憶。

再現具有驚人的渲染力，可以像傳染病一樣傳播開來。在美國，受害者會定期聚會，彼

57 出處同上。

58 芭芭哈的歌曲〈南特〉（*Nantes*）。

此寫信，閱讀同樣的書籍。[59]有些女性會感到困窘，但是「精神治療師」的理論闡釋三言兩語就足以消除這種不適。心理情況好轉是千真萬確的，因為這些孤單無依的女性開始生活，她們去旅行，她們投入閱讀，也侃侃而談。她們和其他有相同痛苦的受害者分享同一個世界。童年以來就存在的痛苦總算獲得解釋。了解了惡來自哪裡，才能對症下藥。

性侵變成一件好事。群體生活比較安全，痛苦可以獲得照亮。我們可以離婚，然後收到一筆創傷治療補償金。質疑的人就要倒楣了，他會被驅逐出境。當一個受害者的敘述符合社會團體的期待，他會被捧得高高的：「你受過這麼多苦，請跟我們談談你的遭遇吧！但你只能說我們想聽的部分。」萬一不幸地這個受害者講出他成功走出，戰勝考驗時，他會被控訴否認事實，或是與加害人同謀，因為他破除了蜷縮在神話的樂趣。

神祕的地方在於，為什麼見證會被阻撓，有時又會被突顯。問題不在於說：「你們受到創傷，你們完蛋了。」問題在於：「你要怎麼看待你的傷口？你要屈服於創傷，一輩子擔任受害人，讓拯救你的人心安理得。還是你要報復，不斷揭露你的傷痕讓加害人或拒絕伸出援手的人感到罪孽深重？還是把你的悲劇服膺於意識形態，讓你的遭遇成為權力的籌碼？還是偷偷躲起來，把微笑當作面具？或是加強自己良善的部分，對抗創傷，積極成為健全的人？」

所有人都參與「沉默」的密謀，沉默當然是最一勞永逸，也最經濟實惠的策略。被害人只需咬緊牙關，緊閉雙唇，萬一他呻吟，萬一他出聲異議或單純只是道出痛苦的真相，正常的聽眾會因此困窘不已，呼喊淫穢猥褻，控訴受創者「露骨」。然而，當受害人緘默不語，他的內在語言卻又無限蔓生。未說出的敘述，可能是美妙的或是驚世駭俗的幻象，就這樣顛擾著一個凝止不動的沉默者。

如果不是過往記憶的揮之不去，我們可能說不上幸福或悲慘，因為我們會受到當下的荼毒

在「使人緘默」的策略之中，最好的方法就是抵制所有的敘述與記憶，只活在當下，不要去思考未來，也不要駐足過去。太擅長思考時間會讓我們不幸。活在當下，一切都會更好，那些不想要庸人自擾的人都會這麼想。

59 美國協會（Associations américaines），《匿名之亂倫倖存者，治療的勇氣》（*Survivors of Incest Anonymous, The courage to heal*）。

醫學界有許多自然主義的實驗，可以讓我們檢視，活在當下，把過去歸零，是否就是握有開啟幸福的鑰匙。要處理這個問題，交通意外事故提供我們許多資料，每年有成千上萬人顱內受創。記憶空白特別是發生在創傷當下，事件之前。但是這種失憶也可以持續好幾個月，好幾年，意外之前的人生全都忘光了，這便是逆行性遺忘症。經常發生在老年人身上的失憶症是無法想起最近的事情；當事人可以記起遙遠以前的事情，甚至記得精確無比，他能夠精確講出自己六到八歲時班上同學的名字，也可以憶起六十多年前老師說過的話，還有一些對小孩子來說比較特殊的服裝細節，卻往往記不起前一天的事情。

逆行性遺忘症會消除受創者創傷前的生平，而健忘症則是從造成失憶的意外事件發生的那一刻起，生命傳記不再記錄在記憶中。對我們而言，這個自然經驗有趣的是，觀察敘述、言語行為和自我情感如何依據不同的記憶產生轉變。

一個在高爾夫球場工作的園藝工人，發生車禍後得了失憶症，後來又回到工作五年的高爾夫球場。[60]他走著走著就迷路了，還表示自己並不認識這個地方，可是卻對這裏有一股奇特的情感，像是一種焦慮的陌異感。他在工作地點看到的景象滋養著他不熟識的再現。自我情感在這個場地變得奇怪，因為對於一個沒有過去的人，活在這個世界，每一次都是新的。

沒有過去的世界引發的情感正可以反應在言語行為的描述之中：飄忽的眼神、緊鎖的眉頭、迷亂的靜止僵硬。園丁回答問題時拖了很久才回答，他的聲音語調平平，沒有語言的律動。這個言語行為提供自我情感的線索：當失憶症逐漸消失，主體又找到他的過去，他的語言又變得流暢、堅定，有活力，也具有音樂性。過去不見的時候，他的言語行為只傳遞出困惑。當他的故事又重回記憶，創傷者又展現出多樣的情感層次了。

失憶症患者找回記憶之後，向我們解釋他們的思想雜亂無章，他們所看到的世界不具意義。園丁清楚地看到打高爾夫球的人，但是他們的行為對他而言是荒謬的，像是一連串與周遭環境配合的動作，但是意義闕如。再現需要時間的整合。所有的事件不能只是被看見，還要被定位。事件必須和之前的情況比較才能獲得意義。

要了解電影的結局，必須回想開場的情景。我們了解主人翁對於成為里拉地鐵站的剪票員感到驕傲，因為我們記得他之前從杜隆監獄逃了出來。但是我們也可以了解他對於當地鐵站的剪票員感到可恥，因為我們記得他之前曾是水利局的主任。要決定地鐵剪票員究竟是可

60 貝德里（Baddeley A.），《人類的記憶，理論與實務》（*La Mémoire humaine. Théorie et pratique*, Presses universitaires de Grenoble, 1993, p.443）。

恥還是驕傲，取決於我們把時間加以整合，召喚過去賦予現在意義。我們要設身處地為他人著想，我們要對他人有同理心，但這一切也必須要了解處境對他而言代表什麼意義。

然而，記憶的神經基質組成於腦內迴圈，腦內迴圈包含掌管預想的前額葉和主宰情緒與記憶的邊緣體。腦部受創者因為微小出血，造成這個區域損傷。一個雙親的失職或一個政治性決定，引發情感的剝奪，在這種情況下，原因各自不同，也會造成這個區域的損傷，導致機能喪失，無法對所感受的事物賦予意義。但是周遭家庭或社會環境的惡化，阻絕了敘述，也會導致文化失能，無法賦予事物意義。

機能的失能可由腦白質術（lobotomie）[61]和失語症的案例中獲得闡述。至於文化性的窒礙特別表現在恥辱與祕密。

交通事故發生時，受創者的額葉前部出現小血腫，血管破裂撕裂了腦神經的連接，形成了一種腦白質切除的作用。一世紀以來，這種額葉前部的人格狀態，通常在受傷之後，行為表現上出現驚人的改變。遭受創傷當下，腦白質切除後，他在參與、再現未來方面的能力也停止運作。費內斯．蓋吉（Phinéas Gage）是第一位接受腦白質術有名的案例，他原本是個做事井然有序，求好心切的工人，一場意外中鐵條刺過他的眼睛，切斷他那兩個額葉。[62]此後，他變得漫不經心，也不再思考未來。但同時，他也變得不穩定，無法做任何未來的計劃，因為他只能對當下的刺激有反應。

這種腦神經失能，無法幻劃未來，會引起語言行為和句子結構的徹底的改變。[63]喜歡談論事情的人會主動與人相遇，創造一個小事件，體驗一種情緒並分享某些再現，腦白質術的患者從不主動認識別人，因為他無法預先設想。別人跟他說話的時候，他只能以簡短、緘默或單音節的句子回應。他的短句子裡沒有逗點，也沒有連接詞。長句子需要呼吸斷句或關係代名詞，才能標出間隙，為此講話時必須要能夠預先準備。腦白質術者無法再現時間，對他而言，無需這個文法規則。他們只能短捷回答。

他言語的背景，或是言語的「共文本」[64]，完全沒有肢體動作或面部表情。由於沒有試

61 譯註：前腦葉白質切除術，是一種神經外科手術，可醫治精神病。

62 達馬吉歐（Damasio A.-R.），《笛卡兒的錯誤。理智的情感》（*L'Erreur de Descartes. La Raison des émotions*, Paris, Odile Jacob 1995,《Poches Odile Jacob》, 2000）。

63 西呂尼克（Cyrulnik B.），〈思想傳遞或話語的形成〉（La Transmission de pensée ou le comment de la parole），收錄於桑迪等（Santi S., Guaïtella I., Cavé C., Konopczynski G.），《口語性、肢體性、多元溝通、互動》（*Oralité et gestualité, communication multimodale, interaction*, Paris, L'Harmattan, 1998）。

64 科斯尼耶（Cosnier J.），《賽斯的歸返：心理學新基礎評論》（*Le Retour de Psyché, Critique des nouveaux fondements de la psychologie*, Paris, Desclée de Brouwer, 1998）。

圖與他人互動，這些煞有其事的面部表情，以及捶胸頓足的肢體動作顯得多餘。缺少同理心也讓他完全無視於社會的批評。因此他甚至也會在公共場所小便。這無關括約肌失控，也不是反社會行為。他只是順從自己的慾望，他沒有預先安排，他無法設想下一秒對別人引起的情緒反應，他只順從當下膀胱脹尿的刺激。

他一動也不動，由於缺乏意圖，但這不是失語症，因為如果有人推擠了他，他還是會義正嚴詞地回應。當他處在一個喧鬧騷動的場所時，他會六神無主，四處奔竄，一邊喊道「我沒時間……我沒時間」。然後，一旦環境變安靜了，他也跟著心平氣和地坐下，又變回緘默不語的狀態。他不受他人眼光的束縛，只受限於當下情況。

他無法感受到言語情緒性的運作。當我們想不起來一個字，我們會小小的惱怒不快：「就是那個……小河流上面那個東西，可以跨過河流的那個東西」。字詞的暫時失憶令我們忿忿不平，我們不得不想其他的說法，或是運用手勢。只要還是找不到同義代換句時，我們會敲打自己，或是用嘴巴發出不悅的聲音「嘖嘖」。這些小小的自我出氣顯示出我們內在的壓力。突然，當我們找到字的時候，「就是橋！」我們頓時感到釋懷，只因為一個念出來的字。這真是令人訝異，也有點神奇，一個字居然對我們的身體產生作用力。我們從而可以理解，我們的話語，我們的敘述賦予別人和我們自己一種同質的身分感官，亦即在世界行動清晰的密碼。然而他不一樣，他不棲居過去，也不住在未來，他只能從屬於現在。他只會處理眼前看到的事物或當下的問題。所以，他還是會思考。只不過他投射出來的影像都是即刻當下，沒有時間距離：他無法想像未來，也無法回憶過去，也不需要投射任何的再現來改變他人的再現，也因此不需要敘述。

當腦白質術病患想不起一個字時，他便停止說話，僵住不動，沒有生氣憤怒的反應，也不會找其他的替代字。如果有人唸小紅帽的故事給他聽，他會認出這個故事，因為他的記憶並沒有凌亂。如果我們自主地加入荒謬的劇情在故事中，他會馬上察覺，因為他不是傻瓜。但是，當我們要求他接下去說這個他倒背如流的故事，他會在第一、第二句就停止。

這個破壞神經基質的自然實驗，讓未來的再現變得可能，卻阻礙了所有的敘述。這也可以讓我們理解，我們過去的敘述是一種預先設想，一種往記憶中挖掘回憶的企圖，以便製成敘述。

這也說明了記憶的意圖性是一種為自己，也為他人的擬造之物，一種由他人引發的情感所製造出的影像與文字。接著，我們再把敘述交付給他人，把再現轉變成適合我們的意義。

沒有了他人，我們還是陷入現在的囹圄之中。接受他人的影響，我們可以透過言語對他人產生作用力，這些言語同樣地也會影響著我們。這也就是說，所有的敘述都是一場共同製作。

■話語的蝴蝶效應加上敘述者身分將我們導向敘述

當話語混雜了說話者的內心世界，某種「思想的傳遞」正在實現。在這個文字傳遞內在影像的飄忽世界裡，話語具有一種「蝴蝶效應」：準備開口說話，光是這件簡單的事情就可以減輕我們身體的重擔。以下談論的不像之前大學抽樣調查那樣浮濫，將話語與身體對立來看。我們想提出的是，話語之於身體，就像蝴蝶之於毛毛蟲。這兩者生活在兩個截然不同的環境中，蝴蝶在天空飛翔，毛毛蟲則附著在葉子上。兩者之間卻是一種延續的發展。蝴蝶必須先是毛毛蟲，否則牠並不存在。幼蟲經歷了一場神奇的蛻變變成了成蟲。同樣地，孩子在學會說話之前是處於前語言期，將近二十個月的時間，他才慢慢地進入語言醞釀期。[65]小孩在還沒有語言掌握力之前就已經理解話語了。[66]一旦他們開始使用話語，身體的用途蛻變了。就連感官也變了。

當我們找不到字而心生煩悶時，我們會想其他方法來紓緩自己，像是找同義字替代，換一種迂迴說法，或是運用一些指稱性或闡釋性的肢體動作。這種不安或困擾的感覺可以從一些姿態動作中看出，像是個人肢體動作變得頻繁，輕微自我懲罰的動作，其他像是聲音表達或機械式姿態也都可以算是這場內在焦躁的外顯行為。想不起一個字時，我們的情緒受到顛擾。在這種情況下，我們使用最原始的方法讓自己平靜。

然而，精神病理診所提供我們兩種情況，讓我們看到一個人會喪失語言能力數小時。一旦後來語言能力又回來了，他驚奇地感覺到自己輕盈地像隻蝴蝶，而數小時之前他還覺得沉重如鉛塊。

一位五十八歲的婦女，平常有偏頭痛，到一家超市購物。她要來採購油和糖，突然間，她全身感到異常沉重。她「聽」到內心裡一個聲音「喲——喲——喲」，但是這個聲音卻不是指「一瓶油」這個物品。她跟自己說，或是她的腦海中理解是：「我的頭痛又發作了，我

65 蘇雷（Soulé M.），西呂尼克（Cyrulnik B.），《在語言之前的智慧》（*L'Intelligence avant la parole*, Paris, ESF, 1998）。

66 波瓦松—巴蒂（Boysson-Bardies B. de），《兒童的說話能力》（*Comment la parole vient aux enfants*, Paris, Odile Jacob, 1996）。

要吃止痛藥。」[67]她想要向服務員詢問販賣部在哪裡，但是卻驚訝地聽見聲音對她說：「是不是……飲料。」她理解服務員指的方向，但是服務員說的話只是一團奇怪的聲音。幾分鐘之後，當視覺性偏頭痛又發作時，病人感覺身體疼痛，疲累不堪，但是語言能力又回來了。

M先生正在書寫，突然間，書寫變得愈來愈緩慢，彷彿他的手不聽使喚了。他想要打電話給他太太，但是無法撥出號碼。於是，他拖著沉重的身軀走到十七歲兒子的房間，請他打電話給他母親，但是他卻只能發出「打給」的音。他也理解，由於無法發出正確的音，他應該在兒子的內心世界中引發一種異常的感覺。他試圖拍他的肩膀讓他安心，同時發出「打給，打給」的音，卻反而弄巧成拙，加深兒子的不安。

八個小時之後，M先生重新獲得說話能力，並向我們解釋他失語期間奇怪的內心狀態。失去語言能力時，他依然可以處理眼前的影像再現……就像默劇一樣。他依然住在一個由形象表意的內在世界之中。

無法講話並不會阻斷人的同理心，如果是腦白質術病患，他們的語言能力沒有問題，但是對於自己給別人產生什麼印象卻無法思索。因此，並非語言或肢體信號讓人可以與他人溝通共處，而是一種可以感知時間，將時間以文字或影像敘述的方式呈現的神經機能。相反地，光是說話的能力就可以影響我們對身體的感受方式。

一位心理分析師朋友因腦栓塞而失去語言能力數小時之久，他突然理解語言的第一個用途是連結情感：「……說話主體會和第一個出現的說話者緊密相依。」[68]幾秒的時間裡，他驚訝地發現，由於無法言語，他對周遭環境的刺激變得相當敏銳。他可以理解醫生正在談論他，但不是在對他說話。教授坐在病床上和病人說話，這並非全然無謂的舉動：雖然他不能理解這些話的意義，他還是可以理解醫生曾靠近和他說話。這個姿勢傳達出一種情感意圖，病人強烈感受到這個姿態。當教授離開後，病人一動也不動，緊緊依附在醫生弄皺床單留下的痕跡。由於失去說話能力，病患覺察細微的感官線索，緊緊攀附在上面：他無法脫離這些線索了。

光是說話能力就能創造一種自我情感，這個自我情感會在空間裡擴張，在時間中延展。當血液流向掌管語言的顳葉，病人又可以開口說話了。語言能力可以呈現一個擴充、延展的

67 拉普納（Laplane D.），《言外之思》（*La pensée d'outre-mots*, Chilly-Mazarin, Les Empêcheurs de penser en rond, 1997）。

68 茲拉丁（Zlatine S.），〈失語症的實踐：回應的當下〉（Praxis de l'aphasie : au moment de répondre），《歐尼卡》（*Ornicar*, n°33, avril-juin, 1985, p.65-68）。

世界，也會改變自我情感，從而帶來一種輕盈的感覺。這個感覺並非由於癱瘓的狀態消失了，因為年紀大的人逐漸地就會喪失語言的能力，也會改變行為舉止，表達出新的自我情感。再說，當大人找不到字的時候，他們並非癱瘓了，然而他們卻感到身體沉重，惱怒不已：「身體好像懸置在這個失落的字詞上，很沉重……感覺焦慮不斷攀升。」69

所有的失語症病患，說話能力回復之後受訪時都千篇一律地使用了重擔、囚禁的譬喻：「想法都已經準備好了。我自言道：『看來是真的，我再也不能講話了』……電話響了，我拿起話筒回話，可是令我驚訝的是，話出不來呀……我像是遭到禁錮。」70

失去語言也會改變對世界的呈現。當病人無法召喚他方時，他受限於環境。自我情感又變得鄰近，與感官背景緊貼在一起：「沒有語言，我的身體變成一團肉。」71 治療失語症的精神分析師也驚訝地發現，失語的期間，他們夢想的能力變強。突然之間，他們不再棲居這個語言再現的世界，白天他們只能跟著感官的刺激反應，夜裡，他們屈從於記憶存留下來的印象，這些印象有時是由夢幻產生的。

我們話說得越少，就越感受到環境的重量。然而，當我們開始講述，我們就感受到我們的話語呈現的事情。關鍵就變成要如何做選擇：要聽信周遭論述強加給我們的印象呢？還是要順從於我們再現引發的情感？

當話語又恢復時，反向經驗產生了。重新獲得語言的失語症患者會提到一種「廣大、輕盈」的自我感受。話語中呈現出如下的隱喻：「雲……穿透空間……七里靴……我乘著鳥兒，振翅高飛，我闔上眼睛。瞧，小黑點不見了」。[72]

話語的蝴蝶效應並非空洞無用。但是，除了無法言說而造成沉重的壓力，另外一個問題則是與親友談論情感的困難。

社會論述阻撓受創者的見證，為了要讓官方宣傳合法化，這個社會論述也會導致精神上的壓力，壓迫了自我表述。創傷者為了適應這樣的噤聲，只能將自己一分為二：泯除部分人格，讓未遭蹂躪的那一部分表達，表達一些社會可以許可的論述。

「當我還是孩子時，我說真話……結果我收到……幾巴掌！」[73]赫內・夏爾（René

69 茲拉丁，出處同上。
70 喬內特（Joanette Y.），拉豐（Lafond D.），勒古荷（Lecours A. R.），〈失語症患者的失語〉（L'aphasie de l'aphasique），收錄於龐吉歐等（Ponzio J., Lafond D., Degiovanni R., Joanette Y.），《失語症患者》（*L'Aphasique*, Québec, Édisem, Paris, Maloine, 1991, p.23）。
71 茲拉丁，前文已引述。
72 出處同上。
73 夏爾（Char R.），《詩人工作坊》（*Dans l'atelier des poètes*, Paris, Gallimard, coll.《Quarto》, 1996, p.23）。

Char）[74]雖然被迫沉默，他依然找到方式表達自己。這樣的分裂產生兩個精神世界，兩個說話場域：一個是外在世界，外在世界有如法院裁決，提供一個亮麗、超越的自我影像；另一個是內在世界，相對地比較黑暗，沉痛悲戚。這兩個空間並沒有一刀兩斷，也不是彼此分離，否則詩人有可能會無法連貫，無法調和。這兩個空間圍繞在祕密周圍，建立了一種特殊的溝通模式。

外在世界適應於家庭的情感、機構的規範與社會神話，而內心世界則註定只會是精煉過的縮圖、圖像。

■ 祕密是內心的縮圖，賦予巨大的情感能量。事實上，思想成為一種隱匿之說

德拉克羅瓦（Eugène Delacroix）[75]在摩洛哥旅行期間畫了許多小幅水彩畫，他在紙上只用蠟筆畫個兩三筆，塗上幾個顏色。過度勾勒細節可能會減弱召喚力，分散了注意力，如果能夠只畫出核心精髓，刪減其他多餘之處，反而能夠讓顏色躍然紙上，更有效突顯異國風情。這正是象徵的手法，兩個姿勢，三個聲音或一個影像就可以召喚一個消逝的客體，比它真實的在場還要更有說服力。心靈受創者若是有機會描述創傷事件引發的情感，通常都會描

繪有關暴力事件的場景。但是和一般人認為的不同，他們並非重新活過那一段經歷。當他們事後回想時，他們已經不會感受到事件當下的那種驚駭。只要受害者不再身處真實即刻的脅迫，他內心場景所呈現的已經是悲劇事件的縮圖了。他重新見到影像，再次聽到字句，那種簡單扼要的方式反而更加清晰有力。把創傷風格化處理可以讓重現的創傷更強而有力。[76]創傷者在記憶中重新看見恐慌的影像。回憶越是精簡化，它的力量越是強大。

內心隱藏祕密的人處境也是一樣的。他給出來的外在形象通常是一種病態的彬彬有禮，可比擬他內心的幽暗地下室[77]，每天夜裡，上演著一部風格處理過的恐怖片。當私人記憶無法與公開記憶和諧一致，我們的故事有一部分就無法被譜成文字。通常自我敘述鋪展出穩定、一致的身分感受，此時會一分為二，一部分明亮，符合社會的理想期待，另一部分則是

74 譯註：法國二十世紀當代詩人。

75 譯註：法國浪漫主義畫家，一七九八—一八六三。

76 申科（Schank R. C.），《活躍的記憶：電腦與人的學習理論》（*Dynamic Memory : A Theory of Learning in Computers and People*, Cambridge University Press, 1982）。

77 亞伯拉罕（Abraham N.），托洛克（Torok M.），《表皮與核心》（*L'Écorce et le Noyau*, Paris, Flammarion, 1987）。

陰森晦澀，不可告人，遭恥辱嚙蝕。禁錮的語言產生的蝴蝶效應是一種詭異的飛行：蝴蝶輕盈地飛舞，接著突然就失速旋轉。同樣地，心靈受創者本來愉快地談話，後來突然結巴起來。

這個譬喻闡述了一個想法，所有的祕密都是值得一探的。我們可以把一個行為說成是祕密的，正如辭源學的正解：「祕密就是散發、分泌一些可恥的東西，篩濾，過濾，讓好的種子通過，把不可示人的部分留住。」數百萬年來，所有說話者整理出這個字的涵義，已經想過祕密具有保護的功能。一個孩子的心靈被靜默保護著，而非各式各樣宣稱要防衛他的解釋或評論。只需要沉默不語就可以緊緊關閉，自我保護。而且，當小孩理解，只要他願意，他可以保有自己的祕密，他會感受到強烈的安全感，也感覺自身的力量。但是，當一段受傷的過往無法被言宣，因為太多暴力情緒阻礙了敘述時，我們會聽見語言停頓，聲音的顫抖，話題的轉移，或是突然靜默不語，這些現象都是被迫噤聲時顯露的混亂不安。這是言語留白的部分，是一種行為性遲疑，在一場過度清晰的論述中，這種行為性遲疑意味著神祕，也會引導到祕密。其實所有的祕密都只會是眾人皆知的祕密。必須要學習把無法言喻的東西轉換成「隱匿之說」（para-dit）。

受害人實在不得體，他們會破壞我們晚會的氣氛。於是他們沉默不語。但是當他們全然靜默，他們那種遲鈍的在場只會把晚會的氣氛弄得更僵。於是他們說話了。但是由於他們是不能知無不言的，於是他們隱匿地說。而他們的祕密製造出一種奇特的語言。

事實上，這是一種被照亮的神祕。當一個行為刻意強調平淡無奇的事情，或是把這個原本微不足道的事情刻意神祕化時，反而欲蓋彌彰。「咦，這真奇怪，每次電視裡有人講到『亂倫』時，我母親就顯露憎惡感，離開廳堂。當她回來時，她就責罵我，說我坐相不佳。」跟我抱怨這些事情的年輕女子，並不知道其實我認識她母親，她母親曾經跟我透露，她的確跟她病得不輕的哥哥有不倫的關係。「我不會再跟任何人說，」她跟我說，「這會要了我媽媽的命。」她的確沒有提起這件事，但是她「隱匿」地說了。她不尋常的行為舉止正標出神祕之所在，就像一個詭異的魅惑者。

物件本身也變得神祕晦澀。當一個隱藏祕密的人使用物件時，只有他自己知道其中蘊藉的意義。他賦予物品什麼意義，會改變周遭的情感，周遭感知到某種情感卻無法理解。於是，一本相簿可以變成是邪惡不祥之物，一張陳舊腐敗的沙發可以是對抗反猶主義的戰士。

當M先生和太太結婚時，他們完全清楚他們之間無法有性關係。但是他們非常想要有小孩，於是後來認領了一個一出生就接過來養的嬰兒，而且從不提起小孩的生母。到了八歲，小女孩變得無理取鬧，令人難以招架，每次的吵架似乎都是來自同樣的劇情：每次她拿起相簿問一些千篇一律的問題時：「——這是誰？……這是貝特表妹。——這是誰？這是葛斯東爺爺」，父母總是感到不自在，想要保守祕密，於是就隨便敷衍，最後惹惱了孩子。幾年之後，每次小女孩試圖讓父母親生氣時，她只需拿起相簿，就可以上演同樣的戲碼。只要觸碰相簿，眼睛望著媽媽就可以導致爭吵不休。最後，所有人都異口同聲認定，這本相簿不祥，像是受到詛咒一樣。這本相簿的確不祥，因為它本身就是一場祕密，是父母親恥辱的所在。相簿是一個具體物件，它體現了隱匿的敘述。它指出一個陰暗之處，一個源頭的破洞，整個家庭都為此惶懼不安。但是我們可以假設，如果他們的關係比較淡薄，同樣的物件承載的意義又完全不同，可能同樣具有魔力，但是比較和諧。文字雖然噤若寒蟬，但是物品卻娓娓道來。

D女士也是用了同樣的方法讓沙發說話。童年時期，她從未有過與母親好言相向的時刻，她的母親不苟言笑，跋扈專斷，在一個反猶組織裡面活動。所幸，她的祖母經常邀她來喝熱巧克力，坐在一張老舊沙發椅上聊天。將近二十歲時，她擔任社會機構的助理，認識了一位法律系大學生，這個人除了有趣，沒別的了。但是當這一位未來的律師向她求婚時，跟她說：「我是猶太人。」她一股腦地就接受了，「為了讓我母親難堪。」母親當然拒絕出席婚禮。她祖母出於憐憫跟她說：「我會出席」，卻在婚禮兩天前過世。在遺產分配的時候，年輕女子要求要那張舊沙發，大家不痛不癢地讓給她。三十年後，她丈夫成為富有的律師，他百思不解，美麗的家具之中，太太卻執意擺著一張發霉的沙發。沒有人知道，對她來說，這張沙發「想要說」的是：她對母親完全沒有任何情感，反而是她的祖母依然活著，與沙發同在，像是在對她眨眼睛。78

或許所有的家庭都有一些不為人知的祕密？或許我們的家裡都佈滿一些名正言順的物品，陳述著冠冕堂皇的論述，而一些小玩偶則被擱置在陰暗角落，喃喃低語，訴說著一段不可告人的故事？無論如何，陳列展示出來的物件肯定不比那些喃喃低語的物件更吸引人。

吉賽兒十五歲時參與波爾多抵抗運動。她被教導不要看那些蓋世太保張貼的標語，因為如果顯露興趣，她有可能會被跟蹤。有人教她操作手槍。在鄉村的廣場上，這位高大的女孩走近蓋世太保的頭目並殺了他，受到所有人關注。隔天，三十位人質遭到槍殺。在大解放之後，每次她經過這個鄉鎮時，她想著：「這孩子是孤兒……因為我的緣故……這個婦人過悲

78 尼耶姆美茲奇（Niemetzky P.），法蘭索斯（François C.），西呂尼克（Cyrulnik B.），〈保守祕密的祕密或祕密的人性學闡明〉（Le secret sécrète, ou l'éclairage éthologique du secret），《突觸》（*Synapse*, n°120, novembre 1995, p.27-30）。

慘的生活……是因為我的緣故……這家公司遭受摧毀……因為我的緣故。」她不停地為自己的錯誤贖罪，以自我懲罰的行為，且從未對別人說起。五十年來，她五個孩子沒有人問過她這個鐵盒裡面沾滿油漬布料的包裹是什麼，然而這個東西就擺在眾人皆可看見的書架中央。十五歲的孫子發現這個小盒子裡有一把手槍，於是問了她這個東西有何含意。這個祖母才因此跟他娓娓道來物品的故事。她擺在那兒是為了提醒自己，但沒有人看見。戰爭結束了，大家就不再談論了。沒有必要去翻攪過去，不是嗎？於是，她又見到當時的景象，偷偷地自我懲罰。令他驚訝的是，講述完她的故事給孫子聽之後，她的內心獲得了無比的平靜。她覺得，她好像填補了生命中一個巨大的缺口，重新變得完整，不再有矛盾，彷彿她縫合了兩個撕裂的人格。

祕密無法言宣，然而物品卻能示意，只不過周遭通常視而不見。阿伊莎幾乎不認識她的父親，為此她感到沮喪不已：「他在家裡像是不存在。我不知他生於何方，他也從來不提。」後來有一天，她在小時候房間裡的抽屜中發現了一盒相片和戶口名簿。「我總算拿到這些東西，我拿在手上，但是我沒有打開來看。母親如果真心愛我，我早就看過這些照片，也早就提出我的身世問題了。」

當言說變得不容易，就只能讓隱匿之說自行表達，但是通常見證人總是抱持視而不見，聽而不聞的態度。他們明明可以理解，可是卻不想牽涉其中。妮基．德．聖菲勒並未真正隱藏她如此「沉重的秘密」[79]，她甚至選擇了一個藝術家的名字來暗示自身的遭遇。在這個隱匿的名字裡，隱藏的部分反而變成弦外之音。對她來說，這個隱匿之言是一座地獄：「蛇蠍之夏，那年夏天，我的父親，一個資產階級的銀行家，將他的性器官塞進我的嘴中……從死神手裡逃了出來，我必須讓我心中那個小女孩把話講出來」……而這居然已是五十年過後了！

偽裝過的祕密不全然是悲劇性的，但這依然證明了，要接受某部分的自己終究是恥辱或是有困難的。美麗的奧蕾相當熟悉義大利文化，她說自己的膚色略帶茶色，是西西里島女孩特有的，而實際上她的名字召喚的是她的祖籍北非奧雷斯山脈。她不喜歡自己的名字，可是這個名字卻讓父母親緬懷不已。她的名字是一個大家想要隱藏的祕密，也是一個折衷：一方面是家人的愛，另一方面是家人為了融入西方世界，急欲否認的源頭。這種常見的防衛機制

79 〈破碎的童年：妮基．德．聖菲勒〉（L'enfance mutilée de Niki de Saint Phalle），《ELLE》雜誌，一九九四年三月七日。

可帶來立即性的益處：「我適應了這個侵略我的社會」，但是這樣的防衛機制也安置了一顆未爆彈，一個假我：「我竭盡所能把自己變成他者。」

■ 當祕密受到隱匿時，還是會有情緒，顛擾人際關係。但是當祕密揭發時，周遭的秩序重新洗牌，令人難以承受

當祕密被隱匿時，會衍生出一種混亂危害到個人與周遭。當祕密揭露時，整個人際關係都必須重組，結果祕密當事人的親友都無法適應這種新的關係。

有祕密要隱藏的孩子總是有一些怪異的行為舉止，像一個沒有建設性的怪異之徒：他們從不提出問題。這樣的矜持很難觀察出來，因為這是一種非行為。然而這樣一個保守封閉的小孩也是有令周遭的人讚賞的時刻。每個家庭特殊的關係氛圍可透過我們觀察到的行為類型來加以解釋。用一種風格來描繪一個由不同成員組成的家庭，這不是很怪異嗎？

我們可以想像孩子們在父母親身上感受到行為舉止的怪異，從而讓他們沉默不語。「爸爸平常很活潑，工作非常賣力，但是每次有人提到亞美尼亞時，他就僵住沒反應。」亂倫而產下的孩子們從不提父親的問題，沉默就是問題所在，沉默本身就是提問了。這種「謎樣的

行為」[80]正是祕密家庭的關係風格，家庭裡父母親和小孩的關係表現出一種怪異性，並且會把這種怪異世世代代傳遞下去。

保羅先生的小男孩命喪奧斯威辛集中營，這個小孩是醫學實驗的犧牲者。戰後，這位心靈受創的父親溫柔地將其他的孩子養育成人，他們其實都感受到父親心中那一塊遭荼毒的心靈，因此從不敢提及。這一段往事幾乎是沒人再提了。後來，保羅先生當了祖父，他對孫子疼愛有加，愉悅地照顧他。三歲生日那天，他送了一隻超級玩偶給孫子，小孩馬上毫不猶豫幫它取了名字……跟那位失蹤的孩子同名。保羅先生異常驚訝，這樣的行為反應立即感染了孩子的情緒，在他心中種下了一股怪異感，而這個怪異感又跟玩偶緊密相連。彷彿孩子這樣思考：「我很喜歡我祖父，所以我也相當關注任何能讓他感動的事物，他所作的一切我都很喜歡。然而，面對這隻玩偶，他顯露出一種奇怪的舉止，這讓我很感動。這隻玩偶到底怎麼了？」一個行為事件掀起的情感，保羅先生的悲劇把這道情感注入玩偶身上。思想的傳遞不

80 堤斯宏（Tisseron S.），〈祕密的遺產〉（L'héritage insu），收錄於《知與未知》（*Le Su et l'Insu*），法國國家科學研究中心—法國國家視聽中心第三屆法國國家視聽資料館會議（Troisième rencontre CNRS-INA, Inathèque de France），一九九五年三月。

是天馬行空，心靈相通的問題。相反地，其實思想傳遞是物質性的，是感受性的，是身體與身體的碰觸。就這樣，一九四四年的一場巨大的悲痛附身於一隻玩偶身上，使它附著了一種怪異感，一九七四年送給了一個孩子。[81]「有時，一個家庭的重大祕密就隱藏於一個尋常的物件之中……紀念著一段無法言宣的回憶……若是有人不小心損毀了這個物件往往會導致後代成員某些人情緒失序，甚至也可能掀起他們情感上的態度，有時就連他們自己也無法解釋這種行徑，總之這些行為舉止都悄悄地干擾著他們」[82]，喬治・堤斯宏（Georges Tisseron）曾解釋道。

相信家族幽靈的人正是囚禁在一段無聲的記憶之中，不需文字的傳遞，這場記憶以超越敘述的方式傳遞。而那些認為家族無幽靈的人只活在當下，將過去摒棄撤除。鬼魂的力量巨大無比，他們棲居於超越文字敘述的空間裡，我們不知不覺地把這些鬼魂轉移到日常生活的物品之中。鬼魂是一些遊蕩者，在死亡事件許久之後，可能重新出現，轉嫁到我們的行李和遺產之中。鬼魂不直接傳遞創傷，因為他們召喚起一段煙消雲散的過往，物換星移之下，意義已經不同，情感也殊異了。鬼魂傳遞的是一種心神不寧，是一種紛亂，可以嚴重影響後代子嗣。

鬼魂也可能留下一道疑問或一個謎團，後世之人像是受邀加入一場知識和詩的考古學：

曾經九死一生的人，日後對人生中平凡的渺小微物都覺得像是一場奇蹟。曾經險些失去心愛之人，此後對於愛人單純的存在都能強烈感受到，而以前只是日常生活中的俗套。無家可歸的小孩勢必都要參與一場考古學。

流離失所的亞美尼亞人，就像幽靈後裔，「遭遇了劊子手雙重的變態對待：犯罪，以及否認犯罪。」[83]一個星期的時間，就有百萬多的難民命喪刀口下。「我已經死掉了，」其中一個幽靈說，「而我還必須說我沒有死掉，是我自己誇大了。」如果一個孩子的記憶裡有幽靈這麼對他叨絮，他必定是屬於這個離散的世代。「所以，我父母親只為了一點小事，或一場胡亂起鬨的運動就逃離了亞美尼亞。而我居然必須從屬在這群膽小怕事之徒的路線之下！」

81 精神遺傳的主題發展於：亞伯拉罕，托洛克，《表皮與核心》，前文已引述。堤斯宏（Tisseron S.），《恥辱。社會關係的心理分析》（*La Honte. Psychanalyse d'un lien social*, Paris, Dunod, 1992）。納申（Nachin C.），《心靈的幽魂》（*Les Fantômes de l'âme*, Paris, L'Harmattan, 1993）。

82 堤斯宏（Tisseron G.），〈未知的遺產：家庭的祕密〉（L'héritage insu : les secrets de famille），引自《世代和倫理通訊期刊》（*Communications-Générations et filiations*, n° 59, Seuil, p.231 et 236）。

83 阿杜尼恩（Altounian J.），《為我開啟亞美尼亞之路，一場潛意識沙漠的大屠殺》（*Ouvrez-moi seulement les chemins de l'Arménie. Un génocide aux déserts de l'inconscient*, Paris, Les Belles Lettres, 1990）。

「你的父母親太誇張了，」否認主義者說，「死亡人數其實只有八十萬或五十萬，還是說，他們是死於飢寒交迫或是傷寒。軍隊和趁機逃脫的囚犯只殺害了十萬人，你的父母親可能是和俄羅斯軍隊妥協。」否認主義者這麼說，他把自己認同的祖先所犯下的罪刑相對地淡化處理。「他們都是一些好人，他們什麼也沒做，只是一點罪行，相對於人類十萬年歷史，這根本不算什麼。」然而，否認主義者把罪行淡化，同時也暴露出自己認同這些殺人犯，他等於是在挽回他們的形象，揭露自己在追隨他們路線的意圖。

今日，亞美尼亞人拒絕脫離這樣的族裔身分。他們體現了三代的演變：「第一代是大屠殺下的倖存者，努力在適應……第二代從前人的努力與累積的財富中獲益，出現了許多同化者。第三代則開始努力尋根。」84

幽靈的戰爭才剛剛開始。否認主義的鬼魂又會採用與他們殺手祖先同樣的論據，同樣的典範與句法。而遭屠殺者的後代子孫積極地尋覓這些亡靈，讓亡靈跟他們講述他們的根源。

■ 當亡靈動盪不安，彼此撕裂時，他們的後代會因創傷的再現而痛苦加倍

祕密的氣氛像暴風雨般動盪不安：「發生什麼事？這個怪異感是來自哪裡？是我父親

的沉默嗎？我母親低垂的雙眸嗎？還是來自這物品的古怪？我的雙親異於常人。他們經歷過特殊事件，他們究竟是超乎常人，還是……落在人後。」我們經常從一個情感遞換到另一個情感，一眨眼的工夫心情就變了。但整體而言，父母遭受屠殺的孩子們對於父母經歷的事件感到驕傲：百分之六十九集中營戰犯的孩子崇拜他們的父母，也期待一些文獻的記述。[85]但是百分之十的人不在意，甚至懷疑父母親逃過死劫是否是因為與施暴者有什麼不可告人的協議。[86]承認了父母親是潰敗的一方會導致他們自我價值貶抑，激發復仇的慾望。然而，如果不認同父母親，則又陷自己於背叛親人的情結之中，連帶地引發恥辱感與罪惡感。這些父母親遭屠殺的小孩，要克服心中不適的方法就是加強他們的再現。由於他們沒有承受創傷直接的視覺，由於他們只收到一些莫衷一是的線索，他們的痛苦與抵抗只能透過再現來發展。當

84 維達勒—納各（Vidal-Naquet P.），引言於夏里安（Chalian D. G.）《人民永恆的法庭。亞美尼亞人大屠殺》（*Tribunal permanent des peuples. Le Génocide des Arméniens*, Paris, Flammarion, 1984）。

85 賀夫特（Hefter N.），《如果你走出這一切…，奧斯威辛一九四四—一九四五年》（*Si tu t'en sors..., Auschwitz 1944-1945*, Paris, La Découverte, 1992）。

86 見證資料，中央兒童協會（Commission centrale de l'enfance），《我們是不是奧斯威辛集中營孩子？》（*Sommes-nous les enfants d'Auschwitz?*, Paris, La Sorbonne, 7 Juin 1998）。

父母親遭受打擊，小孩必須克服他們慘遭打擊的這個想法。

每個人面對痛苦的反應與處理都不盡相同。父母親遭受真實的打擊，他們用許多方法，付出很多代價來捍衛，減輕傷害。至於小孩，他們則必須面對再現，而再現就如同縮圖和象徵符號，反而召喚起更強烈的情感，而這對他們來說是無法防衛的。

我們也有生物學和心理學的工具[87]可以印證這個論點：創傷者身邊的親人，由於承擔了他們的情感與痛苦，往往比受創者本身還要更加受到折磨。

三種含量測定：皮質醇、皮質類固醇的接收體，以及副腎皮質分泌的賀爾蒙都顯示出，創傷者的孩子通常是慢性憂鬱症病患。長期以來，他們在焦慮中發展自我，他們的情緒不斷地遭受刺激，最後疲累不堪。大腦接收機制對任何刺激都變得極度敏感，這個事實解釋了主體甚至把日常生活中普通平凡的事物都當作是一種侵犯。這些孩子的副腎皮質分泌賀爾蒙，也就是支配腎上腺皮酯和壓力賀爾蒙的腦部賀爾蒙，是一般正常人的四倍。

這個驚人發現有其矛盾之處，就生物學觀點來說，受創者面對壓力時比較有心理準備，就像訓練有術的冠軍選手擅長面對挑戰。創傷時的情緒適應並非一種過渡性的自衛反應，而是一種後天的生物反應，「這是創傷事件無法抹滅的印記」[88]。遭受侵犯之後，蛻變是生物性的。創傷者從此獲得一種感受世界與回應世界的方法。自幼遭受蹂躪，如今他獲得一種反應模式，就像冠軍選手一樣。然而這畢竟是一道生物記憶的印記與痕跡，他變得對某一類型的事件異常敏感。如果他四十年之後又遭遇到這樣的事件，這個「超人」會因為一點渺小事件就全然崩潰，因為這又讓他想起那場侵犯。

創傷者身邊的人經常緊緊依附著這位脆弱的冠軍。受創者發出一種情感的狂熱，影響著周遭愛他的人。創傷者的親人往往收受到一種無臉孔的焦慮，無形的侵犯。他經常沒來由地覺得疲倦，總是焦躁不安，彷彿警報器隨時警醒著，原因不明。他並不清楚在防衛什麼，因為他感覺這股惡來自他自己，而不是他所喜愛的人。這種痛苦的傳遞只發生在兩個互相依賴、相互理解的人身上。如果孩子沒有特別留意來自母親的傷痛，他的自我保護情況比那些太黏著母親，連一點情緒跡象都感知到的孩子來得要好。

數千位長得一模一樣的雙胞胎被送往越南作戰。他們基因相近，行為舉止相像，情感反應也如出一轍，這些相似性造成他們的情感模式在彼此之間迅速傳遞。「我們之間完全能互

---

87 波赫貝（Beaurepaire R. de），〈瑞秋・耶赫達的創傷記憶〉（Les mémoires traumatiques de Rachel Yehuda），《憂鬱症期刊》（*Dépression*, n°10, janvier/février 1998）。

88 出處同上。

相理解。」他們說。這種超級同理心造成的結果就是，雙胞胎其中沒有遭受創傷的那一位，反而較受害的那一位承受更多痛苦。同樣地，猶太大屠殺倖存者的孩子飽受後創傷症候群所苦，比他們父母承受的苦楚多出三倍。[89]

一個機能的失常會在精神或心理層面傳遞感染，這並不難解釋。創傷者透過自我的防衛逐漸適應了傷痛，這些防衛雖然讓他們付出極高的代價，但卻有效地使他們適應生活，最常見的防衛策略例如：人格分裂法、記憶否認法、夢想補償法、發憤圖強法，或是利他主義法。這些防衛方法組成了一種人際關係的風格，他們的憤怒、喜悅、焦慮的愛、瘋狂的夢想，或是不斷為他人努力奮鬥，這些反應都會感染周圍親近的人。然而，這些親近的人並不能理解何以身邊的人會有如此這般的憤怒，為何會沉默不語，不懂為何他們會有這些絕望的愛情，也不懂為何他們恆常心力交瘁。他們不是創傷的當事人，但是他們是創傷者親近的人。他們只能隱約感受到一股不安，卻無法辨識其原因。創傷者所要面對的是一場真實，而親近的人對抗的是一縷幽靈。「傳遞的重點不在於內容，而是傳遞本身這個動作。」[90]我們毋須言語就能顛擾身邊的人。創傷事件的痕跡會存在精神內部，像一個沉重的地下室，會毀壞創傷者的行為和情感，以及情感與記憶深處[91]萎縮的大腦，同時也毀壞了與他緊密連結的人。

分享苦難的經歷，就是請求周遭親友做我們奮鬥的領導

當一個孩子在這樣的情感環境下發展自我，他肯定會接收到父母親詭異的行跡，從昔日不為人知的歷史中逃逸而出。小孩的心理，甚至生理把這些怪異的行徑全盤吸收，沒有真的防備，既然他連施虐者是誰都無從得知。他從這些他鍾愛的大人身上得到一些掩飾的神祕蹤跡。

既然祕密會擾亂創傷者與身邊親友的關係，邏輯上來說，只要把祕密講出來一切就又可以重新來過。然而這個世界並沒有一定的道理。對甲來說有理，對乙來說卻是愚蠢。當說話

---

89 耶赫達（Yehuda R.），〈大屠殺倖存者之尿液皮質醇低分泌與創傷後壓力失常〉（Low urinary cortisol excretion in holocaust survivors with post traumatic stress disorder），《美國心理月刊》（*American Journal of Psychiatry*, n°152, 1995, p.982-986）。

90 勒冉德赫（Legendre P.），《無法丈量的傳遞之物》（*L'Inestimable Objet de la transmission*, Paris, Fayard, 1985）。

91 布瑞莫爾（Bremmer J. D.），〈針對戰爭相關後創傷壓力障礙病症患者之海馬體積測量術〉（MRN：based measurement of hippocampal volume in patients with combat-related post-traumatic stress disorder），《美國心理月刊》（*American Journal of Psychiatry*, n°152, 1995, p.973-981）。

者將自己的悲劇化為敘述，他反而更加被這些聽他講創傷史的聽眾的反應震懾。一位青少年曾經經歷過柬埔寨集中營，後來脫險歸來，當他把這些恐怖經歷說出時，他看到朋友面露憎惡的表情，即便脫口說出：「我真佩服你能走出這些事件。」

與人分享災難，其實會破壞他人關係：「我們甚至不確定是否有權利描述自己的人生」[92]，索忍尼辛說。我們有權利破壞我們朋友的晚會嗎？我們有什麼權利向渴求快樂的人傾吐我們悲苦的經歷呢？我何德何能可以變成受難者的代言人？還不說，闡述我的不幸時，我可能會一輩子被貼上刻板印象的標籤。我把祕密講出來之後，也連累了愛我的人一起奮鬥。「我母親對她自己總是覺得羞恥，久而久之我對我自己也感到羞恥。我們永遠不如別人，必須要做得更好一點」，這位年輕女子這麼向我解釋，她在關懷受刑人協會裡面工作，你們或許可以猜到為什麼。

我們老是忘記祕密的防衛功能。當一個被害人揭露祕密時，他赤裸裸地攤在他人有時意猶未盡，有時揶揄嘲諷的目光之下。一旦卸除了防衛，苦難就屬於他人了。別人會把這些祕密委託他人來演出。我不再屬於祕密的擁有人了。別人又會如何對待我們的痛楚，在這個擅長挪用他人痛苦，改變他人痛苦的文化中？如果保守祕密可以保護自己，那麼揭露祕密就足以讓自己處於劣勢。除非我們原本就足夠強韌，彷彿講話的人這麼說：「現在我變得足夠強壯可以說出來了，儘管過來打擊我吧！」[93]這就是為何需要三十到五十年的時間鍛鍊自我，才有能力單純地把話說出來。

單純：這就是問題所在。因為沒有一個社會有能力單純地聽他說。祕密是必需的，尤其在一個每個人皆有價值的文化裡。但是，「在一個個體不存在的文化裡，祕密也不會存在了。」[94]在所有人類群體中，個體只是一個必須認同單一典範的「同類」，個人必須往領導者指示的方向發展，祕密是無所遁形的。告白的文化也以道德之名凌遲著每個人。印刷術發明之後的一本暢銷書是《巫婆的斧頭》（*Maleus maleficarum*），書中詳細記載宗教裁判所使用哪些酷刑來逼人招供，讓所有的信仰都能統一，讓所有的「同類」都活在同一道文本之中。意識型態的獨裁者也企圖實現同樣的計畫，只不過方法不同。有些獨裁者想要文件統一規格，消除起源的祕密，讓種族純正。[95]其他的獨裁者強行剝奪睡眠，讓供詞清晰無誤，避

92 索忍尼辛（Soljenitsyne A.），《古拉格群島》（*L'Archipel du goulag*, Paris, Seuil, 1974, p.110）。

93 米歇爾・代勒・卡斯提洛（Michel del Castillo）專訪，《星期日自由之輪》（Dimanche en roue libre），國際法國電台，一九九八年十月十八日。

94 歐威爾（Orwell G.），《動物農莊》（*La Ferme des animaux*, 1945; Paris, Éd. Champ libre, 1981）。

95 勒布哈（Le Bras H.），《源頭的惡魔》（*Le Démon des origines*, La Tour d'Aigues, Éd. de l'Aube, 1998）。

免社會論述被其他歧異的想法分化。這些酷刑不能明說的祕密就在於把個體淪為同類，讓群體可以正常運作，齊心一致地崇拜領導人，這個萬人之上的領袖。

榨取的供詞無異於心靈的強暴，而受害者在遭到施暴者的凌遲之後，必須又受到社會代表的折磨，強迫把他們變成正常人。

受虐兒想要袒護他們的母親。「是我自己撞到門的」或「我在樓梯跌倒」都是最常用的謊言，用來拯救母親的名譽，孩子也可以較不感到羞恥。揭露暴行之後，孩子只能與母愛訣別了：「一切都完了，我揭發了她虐待我的真相了。她永遠不會原諒我了。我將母親的折磨暴行公諸於世，我自己也暴露於恥辱之中，我是那位擁有可怕母親的孩子。別人對我的看法不再如從前了。」通常，一些慈悲為懷的人士旁敲側擊得出孩子的祕密之後，小孩前所未有感到更加孤單，暴露在所有的打擊之下，因為面對他人要求他開啟內心暗室，他讓步了。然而這些公務員下班之後就回家去了，只剩下孤零零的小孩，一絲不掛，毫無防衛力。他甚至失去所有連結的希望，雖然之前他遭遇了情感苦難，但至少在母愛的地獄中他依然能感受到幸福片段的曙光，或如大衛·布里森（David Brisson）所說，「天堂的碎片」。「我記得一個插曲：那一天，我跟母親出門……。我們逛了一整天……。我讓她開心地笑。而且她真的笑了。」[96] 這些幸福的吉光片羽可以讓人懷抱希望，一輩子都會存在。如果供詞是要把施暴者公諸於世，滿足群眾嗜血的品味，這樣的招供已經摧毀修復的希望了。如果要讓受害者不因為供出真相而感到虛空，他必須能夠受到關心與支持，外在的支持如社會和心理的援助；如果他已發展出強韌的情感，他會需要受到內心的支撐。

告白會改變自我的感受，同時改變在他人心裡所描繪的形象。當罪犯感到罪惡感，告白可以安慰他，贖罪的同時讓他正常化。但是當一個孩子揭露他曾遭侵犯，施暴者是那些應該保護他的人，他破壞了他人心中對這些他理應愛的人的形象。這時孩子也成為施暴者……如同他感到羞恥的施暴者。許多受虐兒遭受拳打腳踢和羞辱霸凌時，會痛恨這個失控的母親，看不起她。但是當他們向思想正確的大人揭露虐待行為，大人們或是發出驚恐的叫聲，或是陶醉在他受難的故事中，孩子不僅因為沒有一個像別人一樣的母親感到羞恥，他還要因為自己變成施暴者而感到罪惡不已。告白變成罪過，孩子因為讓母親遭受處罰而自我處罰。

有時，孩子想要拯救施虐者或保護他的形象，這樣的情況也時有所聞。他因而撒謊，

96 畢森（Bisson D.），修農（Schonen É. de），《門後的孩子》（*L'Enfant derrière la porte*, Paris, Grasset, 1993, p.53-54 et 66）。

為了在他人心中描繪出可被社會接受的形象。他創造了一個理想的母親，完美的父親，這與讓他私自受苦的現實脫節。「都是一位鄰居在樓梯推了我」，小女孩說，而她明明遭到嚴重虐待。「我父母忘了把屋子的鑰匙留給我」，一個小男孩這麼說，他的父母親去渡假了卻將孩子關在門外，為了不讓他把家裡弄髒。這個謊言保護了孩子，因為謊言提供別人理想化的父母形象，讓他相信他跟其他人一樣正常，也有一對正常的父母。「這樣我就不是怪物的孩子。」這個謊言保護了父母的形象，事實上也拯救了孩子的形象。

■ 揭露的祕密所產生的效應，是依據聽者與他對於告白所感受的方式而定

必須要非常堅強才有勇氣道出真相，道出一個可能會翻天覆地的真相。B女士在新婚初期，跟她丈夫的父親有染。她從未提及此事，但是這個深鎖的祕密強烈地毀壞了她和家庭之間的關係。家人責備她幽暗陰鬱，有時會無理取鬧。直到有一天她終於不堪這段揮之不去的記憶，向她丈夫招供，丈夫後來自殺了。

M女士長年遭受亂倫性侵，直到後來，她逃離父親的狼爪，到國外工作。有了距離的間隔，她總算向社會機構說出真相，機構也隨即受理。她很驕傲「把狼父送進監獄」，但是這

場勝利付出的代價慘重：「當我透露我的祕密之後，我失去朋友。家醜不外揚，而我做了相反的示範。我讓所有人感到不知所措。我的家人對我不諒解。從此以後，我陷入孤單。人際關係一夕之間全變樣了。」

卡琳娜寫了一本書，試圖擺脫她跟父親不倫關係的魔咒。後來她嫁給一位善良的男人，產下一名女嬰。這本書相當暢銷，有時在路上有人遇到她，居然當著小女孩的面前詢問：「這孩子是妳和妳父親生下的嗎？」「這本書讓我無法呼吸」，她說。「自從我揭露我的不幸之後，所有人的反應讓我不願再去想這件事情。」

C女士將自己禁錮起來，想要躲避她父親。「我曾經把這件事情跟我的男朋友說。他們全都束手無策。現在我不再說實話了。我遇到一個男人，他也有祕密。一想到他也跟我一樣有他的沮喪，我覺得好過些。」祕密一旦有人分享，且這個人懂得聆聽也不會洩漏出去，就會變得比較能夠承受。C女士喜歡參與她男朋友的沮喪。這讓她覺得兩人可以惺惺相惜。她不知道他的祕密，但是自從認識了他，她不再感到羞恥，因為他的故事中也有一段沉痛的祕密。

P先生向一個同事透露他母親如何勾引他，他在同事的眼中隨即看到一種嘲笑的眼光。他開始憎恨這位同事：「我想要把心事講出來。可是當我看到他的眼神轉變，當我了解到我的恥辱引他發笑時，我討厭他。如今，在那些知道祕密的人眼裡，我都覺得不自在。我更加感到羞恥。」

光是說出不幸遭遇並不能擺平事情。聽者對於祕密的反應會影響告白者心理層面的情感。這就是為什麼祕密的揭露可以是一場解脫，也可以是一場折磨。我們常常看見有人上電視講述自己遭遇的磨難。弔詭的是，這個公開的行徑無傷大雅，這是一個私密的行為：「當我想要對祖母講時，她要我別說。我的鄰居還認為我撒謊，說我父親是一個正直的人。至少在電視上，我確定聽眾會理解我。」向八百萬聽眾說話，為了獲得一種親密感！

為了理解這種兩難的困境，必須將受創者群體進行比較，一邊是揭露他們的悲劇，另一邊則是保守祕密的群體。答案很清楚：沒有差異！[97]但是沒有差異並不代表個體沒有因保守祕密或揭露祕密而受到改變。有一些人變得更好，其他人變得更糟，造成整體性的數字並沒有改變，只是組成群體的個人改變了。數字這麼說話。當祕密存在時，他們說得很糟糕。但是這些調查的結論推斷「不講出祕密的小孩，或至少沒有立即講出祕密的人，比起那些講出自己祕密的人，比較沒有什麼症狀反應。」[98]「沒有立即講出」這其實很重要，因為我們必須注意創傷者已經足夠強韌可以揭露祕密，以及需要有足夠的時間距離才能傾聽。受創者覺得無法揭露自身的故事，往往是因為社會群體不讓他講話。要怎麼跟自己的女兒說話呢？

怎麼跟她談論戰爭的痛苦，四十年後，當她懂事時：「我什麼都不想知道。我最怕紀念惡夢。」[99]當我們得知受創者的親人因精神傳染而遭受痛苦，我們無法責備他們自我防衛。但是當情感鄰近讓防衛心消除，精神上的混亂反而更大。

馬汀娜六歲那一年，她的父親從集中營回來。當她聽著這位瘦骨嶙峋的男人講述一些駭人聽聞的內幕詳情時，她驚嚇到了極點：「他故意跟我們說這些事情，讓我們感到痛苦不堪。我討厭他。所以我決定不再聽了。」

皮耶侯十六歲加入抵抗運動，他是唯一的倖存者，他的家人全都罹難。戰後，他繼續從事軍事活動，定期在家中接待十五到三十歲的昔日抵抗份子。他們的孩子玩在一起，浸沐在這些死亡、折磨、私刑處死和舉報的故事之中。三十年之後，幾乎所有當年的小孩都有後創

---

97 希瑟均（Cijseghem, H. Van），〈對揭露與收回的思考〉（Réflexions sur la révélation et la rétractation），收錄於法國受虐兒研究與資訊協會（A.F.I.R.E.M.），《守住的祕密，揭發的祕密》（*Secret maintenu, secret dévoilé*, Paris, Karthala, 1994, p.307-312）。

98 出處同上。

99 塞勒維訶（Salvayre L.），《幽靈的陪伴》（*La Compagnie des spectres*, Paris, P.O.L., 1997），文化高湯（*Bouillon de culture*），法國電視二台，一九九七年九月五日。

傷症候群的傾向。他們被死亡、密謀和不公不義的故事所魅惑，他們的黑夜遭受無止盡的焦慮所折磨，他們也無法標示來源為何，因為他們喜歡這群與他們分享創傷的人。只是他們感受的方式不同。皮耶侯和他的戰友們提及昔日的悲劇，事過境遷，他們都已是戰勝創傷的人了，倒是他們的孩子只接收到恐慌。

戰爭期間，阿涅絲和母親以及兩位妹妹住在一起，過著幸福的生活。但是自從她父親從政治犯集中營歸返之後，他不停地描述屍體堆疊的慘狀，屍體流出的液體，他的同伴們每天早點名時站著死去等經歷。三十幾年來，阿涅絲對於新事件總是提心吊膽，每天夜裡，她在床下尋找堆疊的屍體，聞嗅房間裡可能的液體氣味，親友的死亡也只是一件平淡無奇，遲早到來的事情。

這些飽受戰爭蹂躪的父親成功地自我防衛，也積極的抵抗，和平到來時，他們透過描述經歷過的考驗對抗否認，對抗精神分裂。他們康復了，精神好轉了。可是他們的孩子不解的是，為何他們在這個平靜的世界裡活得這麼不適，而他們明明都已經戰勝這些恐怖事件了。父親走出來了，可是不經意的表達，烙印在孩子們心裡的是一種遭貶抑的自我情感。

我們無法全盤托出。只有精神病患和變態的人會把腦海中的念頭一股腦地說出，因為他們無法注意到他們的話語在他人的心理造成的後果。我們怎麼可以跟一個八歲的小女生說出像M女士說的：「死的是另一個人，妳妹妹。但我寧可死的是妳。」我們是否可以跟人家說，我們之所以幫虐待我們的人翻修屋舍是為了「向他證明，當初不應該不愛我」。我們可否理解這句驚人的話語：「我太討厭他了，所以我竭盡所能讓他喜歡我」？[100]

為了瞭解自己，周遭環境必須配合，自我才得以強化

我說話是為了瞭解自己，但是一旦我說出來，我改變了我在他人心中的形象，我不知道他們接下來會怎麼做。我表達，為了讓我自己在他人心中留下印象。但是，在我內在的語言，每天晚上我將經歷的痛苦化成敘述，這個工作並不影響公開的呈現。只有當我告白時，我才是暴露在他者的法庭上。我希望在說出祕密時，這樣的親密分享將會改變他人心中再現的世界和他者對我的印象。他的回應不一定要是語言。他也可以沉默，但是他沉默的方式正

---

100 勒梅（Lemay M.），《矛盾的處理》（*La Gestion des paradoxes*），收錄於法國受虐兒研究與資訊協會，《守住的祕密，揭發的祕密》，前文已引述，p.414-415。

在表示：「我接受你和你的祕密。這足以把我們緊密連結在一起。」

相反地，對一大群人說話，講述自己的悲劇，這不再是交付祕密，這不再是分享，而是自我暴露，就像暴露於打擊之下或在進行報告。公開談論個人的祕密，這是選擇他的小圈子。因為揭露自己的私密，就是揭露自己最敏感、最脆弱的一個部分。把祕密和另外一個人分享，這是一種親密的行徑，試圖編織一條連結，而公開一個祕密則是參與社會的行為。也就是說，只有當創傷者能在語言網絡中充分自我表達，只有當家庭和文化敘述能夠接受他的見證時，釋放祕密才真的能夠獲得解脫，讓人格特質能夠全然顯現，而不再遭到斷章取義的戕害。

可以支撐這個觀點的社會議論層出不窮。曾經有人做過這樣的研究。[101]四百一十二位受戰火打擊的俄羅斯裔猶太人，在一九四七年被分成兩個移民團體。一群被帶到以色列，在那裡他們的敘述是被接受的——我的確是說「被接受」——，沒有特別受重視，也沒有受到同情，這一群人並沒有發生憂鬱症或精神焦慮的病症。反觀另一群同樣遭遇的人，他們被帶往美國，這群人就像當時所有的移民，自力更生，沒有什麼交談說話，沒有友誼互動，周遭也沒有社會援助。在這個分出來的團體中，羅患憂鬱沮喪的症狀比例就明顯高出許多。[102]當我們深入了解哪一種類型的人比較容易陷入情緒抑鬱時，我們發現通常是年長的人、失去配偶或離婚的人，也就是說那些沒有說話環境支撐的孤獨個體。一般說來，知心話具有一種驚人的保護作用，前提是講述祕密的人要覺得有信心。這就必須仰賴周遭的家庭、友情和尤其是社會的支持情況。[103]此外，同一個團體當中，身邊有丈夫、家人和朋友的女性，陷入憂鬱的情況比孤單女性少兩倍，這些孤單女性之前在俄羅斯時也遭受過侵犯。

語言能否帶來舒緩與平靜的效果要看聆聽的人是否具有同理心。聽者的情感態度，以及他體現的社會代表，這些都能讓創傷者有道出自身痛苦的可能。鎮定劑的確可以達到舒緩的效果，但是並不比話語的效果來得迅速。而且，化學作用的舒緩只能維持幾個小時，而把祕密講出來，又有人試著理解傷痛，我們就不再像之前一樣鬱鬱寡歡，我們經歷了蛻變。

當創傷者復原，變得理智，不再矛盾，因為他覺得與自己的過去達成和解，周遭也鬆了

---

101 杜辛尼翁（Toussignant M.），《精神失常的社會與文化源頭》（*Les Origines sociales et culturelles des troubles psychologiques*, Paris, PUF, 1992）。

102 布朗（Brown G. W.），哈利斯（Harris T.），《生命事件和疾病之憂鬱》（*Depression in Life Events and Illness*, New York, Guilford Press, 1988）。

103 芙拉赫蒂（Flaherty J. A.），柯恩（Kohn R.），勒偉（Levay I.），比赫茲（Birz S.），《同理性的精神病學》（*Comprehensive Psychiatry*, New York, vol 29, n°26, 1988）。

一口氣。當幽暗地下室開啟後，幽靈回到巢穴裡。在耶路撒冷，兩千名父母親曾經歷過集中營的中學生團體中，他們罹患精神錯亂的情況並沒有比一般人多。[104]換成是另一批巴黎同樣經歷的團體，情況又不一樣了。[105]受創的父母親因周遭文化無法接受他們的悲劇，而使他們只能沉默，他們幾乎傳遞了祕密令人焦慮的精神混亂。受創的父母親必須不斷露面，文化消費著他的痛苦，他們幾乎都把創傷焦慮傳給了下一代。

三、四十歲的俄羅斯退役軍人從阿富汗返國，社會卻殘酷地要他們噤聲不語。他們十八歲就出發去打一場無意義的仗，返回家園時殘廢的殘廢，截肢的截肢，身心俱疲，飽受創傷，最後卻只能禁錮於沉默之中。沒有傷兵補助，沒有免費的照料，沒有學歷，也沒有社會經驗。就像這些從越南歸國的年輕美國人，他們把目睹的事情一五一十地講出來，結果群眾和醫生控訴他們說謊，或指責他們散播混亂。[106]

社會像是一個詐騙集團，先是把這群年輕人送去殺戮戰場，受盡極限痛苦，接著又讓他們自生自滅，還不許他們講話，免得驚動了那些待在家中的良民。這樣的社會惡行也讓我們想起「阿爾及利亞警察行動」中被遺忘的人。我們不提戰爭，我們也不治療他們，我們也不提供援助，我們居然要控告他們去度假，有支持殖民地之嫌。他們不但孤單無依——這加劇了他們和家人的精神混亂——，而且就像當時普遍的規則，否認主義大行其道，他們的磨難變得荒謬可笑。

■ 問題不在於針對病患，緩減他的疼痛，真正應該治療的是文化

這所有的見證似乎都引導出這個建議：要讓創傷者停止受苦，要讓截肢者重新走路，要讓周遭不再對來自域外之物感到焦慮，真正要改變的是文化。

在所有能讓創傷者重振的防衛反應中，創作正是一種最理想的工具，引領他們進行一場文化冒險。他們默不吭聲，大家都會覺得他們行為詭異，說他們是「偽善者」，可是當他們開口談論了，一些道貌岸然的人又要影射他們在消費自己的災難。一邊是內在壓抑驅使他們

104 拉斯特（Last V.），柯林（Klein H.），〈大屠殺的衝擊：父母的生活經歷傳遞給孩子〉（Impact de l'Holocauste : transmission aux enfants du vécu des parents），《精神分析學的演變》（*L'Évolution psychiatrique*, n°462, 1981, p.373-388）。

105 薩茲德（Zajde N.），《給亡者一口氣》（*Souffle sur tous ces morts*, 1997, Paris, Odile Jacob, 1997）。

106 孟貝特（Monbet N.），南方健康組織（ONG Santé-Sud），馬賽，一九九八年。希羅尼（Sironi F.），普利摩・李維協會（Association Primo Levi），巴黎。

開口說話，一邊是外在壓力逼迫他們噤聲，這些遭荼毒的靈魂經常發現，創作變成最佳的表達方式。

這不是要解釋什麼是創作者天分，我們想要探討「哪些因素使他啟蒙，命運強加給他哪些素材」[107]。創造力經常被視為一種上天的恩賜，幾乎神聖的行為，一種超越的心理現象，可說是超自然現象：創造者可說是近乎超人。相反地，喪失、匱乏、哀悼都逼迫著創傷者用再現的方式填補這道空缺，體現著死亡與虛無的焦慮、零與無限的焦慮。喪失引發了虛無的暈眩，象徵創造出一個再現，取代了消失的物件。文字與影像一旦風格化，填補了喪失的空缺。讓亡者重生，給予遭受蹂躪的人生活的喜悅，這些都「存在於人類文化的搖籃之中」[108]，安德烈．賀納（André Haynal）說。

影像的誕生對抗著永恆喪失的絕望，對抗著死亡。這就是為什麼人類最初的藝術形式是墳墓，後來畫作也經常呈現墓塚和復活。影像可以讓亡者獲得重生，他的蹤影依然存留在我們心底深處。摩納哥王子藍尼埃三世在他妻子入殮時，他的眼睛始終無法離開相片，相片中的人就躺在棺木中，就在他旁邊。他深情地凝望亡妻的肖像，把喪失的絕望心情轉化成一股痛苦的愉悅，彷彿讓她再多活一會兒。

對黑暗的恐懼促使我們照亮這個未知的世界。小時候，由於害怕媽媽走掉，我們就發明了玩偶。由於害怕創傷再來，我們就竭盡所能不讓它回返。匱乏的痛苦，失落的哀悼驅使我們運用象徵的手法。藝術可以讓亡者重生，就像哲學可以撫平傷口。「創作圈中幼年失怙與過早分離的比例很高，這是個不爭的事實。」[109] 巴爾札克、傑哈・德・聶瓦（Gérard de Nerval）[110]、雨果、赫南（Ernest Renan）[111]、韓波、喬治桑、左拉、波特萊爾、大仲馬、斯湯達爾、莫泊桑和十九世紀過半的大文豪，都印證了這個說法。創作的行為修補缺口，修復傷口，並使人重新成為完全的自己。哀悼和創造力是息息相關的，因為哀悼者只能以再現的方式重現無法再見的人。創作行為不再只是腦部或腦神經元的能力，畢竟創作與創傷息息相關，創傷者都有可能是創作者，為了續存，也為了修復失去的對象，他必須「與死亡達成和

107 佛洛伊德（Freud S.），《應用心理學》（*Essais de psychanalyse appliquée*, Paris, Gallimard, 1933）。

108 賀納（Haynal A.），《憂鬱與創造力，失望的意義》（*Dépression et créativité, Le Sens du désespoir*, Lyon, Cesura, 1987）。

109 出處同上。

110 編註：法國詩人、散文家和翻譯家，浪漫主義文學代表人物。

111 編註：法國著名宗教史家、政治哲學家、作家。

解」[112]，正如佛洛伊德所說。

或許正因為如此，傷口總是讓人咬緊牙關，一旦可以談論了，便以戲劇化的形式來呈現。將傷痛譜成文字，這個做法幾乎都會遵守戲劇的金科玉律[113]：

——作者陳述他的敘述身分：「我是基督山伯爵，我被陷害而遭到監禁。」

——動作：「我在伊夫堡裡，一座海上監獄，突然……」

——目的：「我要報仇，二十年不晚……」

——場景：「請進，請進，看我怎麼對這十九世紀崛起的布爾喬亞勢力採取報復行動。」

——工具：「我透過社會發跡來懲罰他們。」

所有的成分都存在現實之中，可以打造一個英雄戰勝考驗的故事。事實上，戲劇或是小說的主題通常都是創傷提供的：「證明天才並非上天的禮物，而是絕望者的出口……重新描繪一個解放的故事」[114]沙特這麼評論尚·惹內（Jean Genet）[115]。

到了今日，一切都還是沒變，自從人類思考死亡並以藝術作品抵抗死亡以來，依然還是基本防衛的問題：「總是有人神情陰鬱地質問，奧斯威辛之後，還能寫詩嗎？事實上，對於這些有文學天分的倖存者，如果有什麼不可能的事情，那就是不書寫。他們必須描述……為這些消失的人做見證，將他們從無名氏的命運抽離出來……透過這個強烈的需求，賦予亡者敘述的協助，敘述是他們的要求，敘述也來自詩」[116]，所有對抗死亡的行動，亦即生命的意識，都必須採取詩的途徑：「如果沒有藝術，……奧斯威辛集中營或柯雷馬（Kolyma）強制勞工收容營發生的事情可能永遠都被抵擋在外，我們永遠也不會知道這些內幕。」[117]

112 佛洛伊德，《形上心理學》（*Métapsychologie*, 1915 ; Paris, Gallimard, 1952）。

113 布魯納（Bruner J.），《…因為文化帶給精神力量》（*...car la culture donne force à l'esprit*, Paris, Eshel, 1991, p.63）。

114 沙特（Sartre J.-P.），《聖惹內：喜劇演員和殉道者》（*Saint Genet :comédien et martyr*, Paris, Gallimard, 1952）。

115 編註：法國劇作家、小說家兼詩人，十歲就犯了第一樁竊案，多次進出社福單位、少年監獄和寄養家庭之間；十五歲到三十八歲間，他不是在軍隊，就是在監獄，直到他成為傳奇作家。

116 芬凱克爾勞特（Finkelkraut A.），《失去的人性，二十世紀文集》（*L'Humanité perdue. Essai de le XX*e *siècle*, Paris, Seuil, 1997, p.112）。

117 索忍尼辛（Soljenitsyne A.），〈斯德哥爾摩演說〉（Discours de Stockholm），收錄於《作家的權利》（*Les Droits de l'écrivain*, Paris, Le Seuil, 1997, p.108）。

沙特、芬凱克爾勞特（Alain Finkelkraut）和索忍尼辛都同意，必須讓這些心靈受創者發聲。但是簡單一份臨床資料或是赤裸裸的描述，並不能修復傷口，讓死者重生。

有人嘗試過這樣的經歷，他的名字叫做波立虛內爾（Polichinelle）。這個鬧劇演員一六四九年出生於拿波里，當時所有人都親眼見到他母親肚子日漸隆起。只有母親自己拒絕看到真相。鄰居都異口同聲說她「抽屜裡藏了一個波利虛內爾」（即懷孕的另一種說法）。這位母親偷偷產下嬰兒後就把他棄養，孩子早年飽受憂鬱症所苦。後來還有身高體重的發育遲緩，嚴重背部脊椎畸形的問題。由於從來不曾獲得母愛，他認為不可能有女子會愛上他。於是，為了向自己證明事情可以有別的發展，每次他見到一位女性，就將自己裝扮得很滑稽古怪，在她面前彈奏曼陀鈴[118]，米歇爾．蘇雷（Michel Soulé）解釋。由於他都沒有意識到他的話語對別人產生什麼效果，波立虛內爾想到什麼就說什麼。他認為所有的真話都可以說出來。因為他不斷地披露祕密而慘遭毒打，所以他決定保持沉默，但是由於他守不住祕密，因為他沒有他人的概念，他總是不小心洩露一點線索，最後祕密還是不逕而走。結果就是：大家都祕密地在講祕密。

今天發生的情況有點類似這樣：當我們強迫被害人表露祕密時，他反而承受更多的壓力。對周遭的人而言，受害人此後的特徵就是經歷的這場悲劇，這場悲劇像是「解釋」了他所有的人格，以及他的故事：「自從我坦承自己曾經遭受亂倫傷害，我就變成曾經遭受亂倫的那個人。這標籤緊緊黏著我，更甚於我背負著祕密的時期」，那位年輕受害女子跟我說，她的文學成就還來自她的披露。

於是，究竟要如何在這麼多彼此矛盾的需求中潛入自己的情感呢？「我無法保持緘默，但是要講述也是不可能的」，埃里．維瑟爾[119]說。當我不說出口，祕密將我撕裂，將我隔離，也破壞我和愛我的人之間的情感。然而，當我一五一十地講出來，我如果真的描述事件與內心感受，我馬上被他人的敘述霸凌，我被他們的眼光異化，變得更加脆弱。於是，為了避免「他們的沉默和我的緘默造成的醜聞……我寫下：我寫下來是因為我們曾一同生活過，因為我曾經在他們之中，他們影子中的一個影子，他們身軀旁的一具身軀；我書寫是因為他們在我心上留下深刻的記號，且留下的痕跡就是文字」[120]，喬治．培瑞克這麼寫道，既痛苦

118 蘇雷（Soulé M.），〈波立虛內爾的祕密〉（Le secret de Polichinelle），收錄於《守住的祕密，揭發的祕密》，出處同上，p.109-124。

119 維瑟爾（Wiesel E.），《江河都往海裡流》，回憶錄第一冊（*Tous les fleuves vont à la mer*, mémoires I, Paris, Seuil, 1994）。

120 培瑞克，《W或童年回憶》，p.58。

又欣喜。

■創造力或許是痛苦的產物。而這不代表痛苦即是創造力的來源

為什麼防衛機制特別容易出現在受虐兒童的心理？小孩子繪畫，長大一點了可以書寫。書寫蠟筆和鋼筆能夠讓我們捍衛自己，比起行動主義、復仇、自我孤立或自我封閉更有效。書寫這種活動一次就凝聚了許多防衛機制：智性化、理想化、合理化和崇高化。寫作同時可以自我肯定，自我認同，也可以讓自己進入英勇偉大的行列之中，尤其可以讓自己真實的面貌能被他人接受，包括自己的創傷，因為所有的作家都是為一個理想的讀者而書寫。

創造力可以稱為痛苦的產物嗎？[121]人生的磨難是藝術作品賴以為生的糧食嗎？聽說有個年輕人訪問紀德：「要怎麼做才能成為作家？」「走入工廠。」大師回答。幸福只會產出空白的頁面。但是戰勝一場考驗就能寫成一個章節，或是一部作品嗎？

為了明確證實這個想法，我們集合了兩組女性群體[122]，五十九位是作家協會的成員，另外一組則是五十九位一般女性，但是她們的年齡、教育程度、個性與家庭環境與上述女作家相仿。我們以一份人格的問卷、一份診斷標準的評估和生活型態的資訊，試圖針對兩個組別

進行比較。分析結果顯示，作家組別遭遇到心理問題的比例是對照組的兩倍之高。但是作家組別裡沒有精神病患，畢竟要撰寫一本書，必須規劃想法，累積紀錄和掌握現實。相反地，有百分之五十六憂鬱症復發，各種形式的焦慮症，慢性或急性的，以及眾多飲食行為失序，厭食，貪食，酒精和藥物等問題。

同樣的研究，針對一群男性作家團體作調查，研究結果類似，但是發現更多酒精和精神混亂的問題。由於心理創傷經常來自家庭和社會環境，研究者遍尋周遭環境的因子，發現這些參與調查的群體有一種規律：大部分女性作家在十三歲之前曾遭遇過性侵。這兩個作家團體中，大部分成員都曾遭受虐待。其中許多成員的母親都患有精神病。生活中的逆境致使他們想要報復人生，講述他們的悲劇，激發他們的創造力，寫下一頁頁的篇章。這並不是說反過來就行得通：不一定要受到虐待才能成為作家。

121 韋勒（Weill M.），〈文學女子的憂鬱〉（Le blues des femmes de lettres），《腦神經心理學文摘》（*Abstract Neuro-Psy*, n°130, 15-30 avril 1995）。

122 呂德維科（Ludwig A. M.），〈女性作家的心理病症和創造性活動〉（Mental illness and creative activity in female writers），《美國心理月刊》（*American Journal of Psychiatry*, n°151, 1994, p.1650-1656）。

我們不知道讓小孩痛苦的是什麼。在過度保護的環境中，沒有什麼事件發生，製造一種情感幽禁的處境，讓人對於任何未曾見過的東西都感到惶恐脆弱。這樣的周遭環境對於成人而言不會有創傷性的後果，但對於孩子而言卻是一場真正的考驗。普魯斯特和佛洛伊德都是在父親過世後開始寫作，因為生命中一個重要人物的消逝使他們感到缺憾，促使他們創作。彷彿喪失讓這些幸福的小孩釋放了一個重量，驅使他們走向創作以填補缺憾，就像喪失一個至親促使我們發明一個儀式，打造一個墓塚。喪失之苦比遭受打擊更需要投入創作。夏多布里昂（Chateaubriand）因過於嚴格的教育而受苦，並不是痛苦讓他成為創作者，而是嚴格的教育引發他的憂鬱，讓他因孤立而受苦。他可以寫道：「更可以肯定的是，嚴酷的教育使我的情感具有一種憂鬱的特性，這種憂鬱是產生於一種習慣，習慣於在軟弱、盲目和快樂的時候痛苦。」[123]同樣地，塔列朗（Charles Maurice de Talleyrand）[124]也曾回憶道：「我感到孤獨，無依無靠……就我記憶所及，我很早以前就已經有深入思考的習慣了，如果我只是陶醉在小小的滿足之中，可能就不會有這個深思熟慮的習慣了。」

■如狂人般作夢以填補缺憾。夢想？還是……死亡？

這解釋了為何早年與母親分離，後來被安置到機構中的這些棄兒，總是需要創造一個替代物：「我也是，我有自己的媽媽」，讓孩子能夠感覺「我和別人一樣」。「你當我媽媽」這種遊戲讓他們感覺自己也有媽媽。有爸媽的小孩玩扮家家酒，「我演爸爸，你演媽媽」。沒有爸媽的小孩必須想像一個戲劇場景，製造出另外一個大人，把他當作是媽媽。為了創造一個母親替代者，他把過程分為兩個階段，第一階段是在平靜的內在世界修復安全感，第二階段可以讓人克服人生中無法避免的分離。[125]母親替代物的重建可以取消分離焦慮。這種做法是立即見效的，因為孩子透過想像力的創造物來安慰自己，他很快就學會愛這個替代物：

123 夏多布里昂（Chateaubriand R. de），《墓外回憶錄》（*Mémoires d'outre-tombe*），塔列朗（Talleyrand），《通信集》（*Correspondance*），引自布朗松（Blanchon Y. C.），〈童年憂鬱症狀態〉（Les états dépressifs de l'enfance），《腦神經心理學文摘》（*Abstract Neuro-Psy*, n° 174, 30 novembre-15 décembre 1997）。

124 譯註：法國政治家。

125 米歐朗（Miollan C.），〈當恐懼遭遺棄的孩子創作時〉（Quand l'enfant abandonnique crée），《心理學家期刊》（*Le Journal des psychologues*, n° 95, 1992, p.50）。

「我喜愛作夢……，我喜歡書寫……，我喜歡編造戲劇的場景」，這些小創作家們經常這樣說。但是這防衛機制經常會有人際關係的陷阱，因為孩子給予他者取代他母親的能力。而在現實生活中，所有女子都不想當別人的媽媽，或者，不想只是當媽媽。於是，當他內心劇場中創造了一個母親之後，孩子隨著年齡增長，需要在真實生活中找到另一位母親。雖然想像的母親讓他可以承受真實生活中失去母親的事實，但是後來的自我發展當中，這位曾經遭遇母愛匱乏的少年必須學習的是與一位女子建立其他的關係。由於他從來沒有機會學習如何愛一位真實的母親，他只能訴諸創作和學習，而這些一開始都只存在於想像世界裡，後來才在現實中實踐。這樣的心理發展路徑和一般的過程剛好相反。

一九四〇年戰爭時，小史坦尼斯拉斯年僅四歲。一個夜裡，他在漂亮的家中睡覺，轟炸聲將他吵醒，屋頂毀了，他的家人失蹤了。他很訝異，自己沒有感覺痛苦，而對於活著帶著些許羞恥感，面對創傷後不尋常寂靜和自己周遭產生巨大的空虛感而慌張、不知所措。已經不需要呼喚了，哭泣也沒用，也不必尋找他人的眼神了，四周空無一人。他仰臥了許久，眼睛空泛，六神無主。幾乎三年的時間，他都不說話，只是活著。大約在他七歲時，華沙展開了重建工作。水泥工首先裝上已上好漆的木質裝潢，試著把他們想要重建的樣子用影像呈現出來。這個裝潢讓史坦尼斯拉斯懷抱著希望。當下他想著「這樣一來，一切就像是從前那樣了」。於是，他開始像個瘋子一般作夢。「長大以後，我要做這個，做那個。」他開始說話，講述他的白日夢，就像華沙的裝潢帶給他無比欣快的希望。千瘡百孔的真實世界變成次要的。史坦尼斯拉斯如同漫步在雲端，溫柔地笑著，置身在不斷創造的夢境裡。他被安置在冰冷、陰鬱的機構裡，那裏同時接待了上千名兒童，卻幾乎沒有感受到痛苦。機構裡照顧小孩的人員少之又少，幾年以來，都沒有一位大人可以跟他說話。唯一的關係只是拳打腳踢，拳腳相向，要他們整齊行進，赤腳走在雪地裡做例行的散步。偌大的食堂喧鬧吵雜，餐點的供應也乏善可陳。小孩子們都期盼做「餐桌勤務」，因為餐後拿著濕抹布擦桌子的孩子可以搜刮一些剩餘的麵包屑和食物殘渣。史坦尼斯拉斯認為這額外的勤務像是一件幸福的事，一場愉悅，一齣迷你喜劇。夜裡，上百張床的寢室冰寒不已，唯一的舍監僅以一張懸掛的床單和孩子們隔開，以恐嚇戰慄的氣氛逼迫所有人儘早就寢。史坦尼斯拉斯很喜歡躺在冰冷床上這孤單的時刻，因為每天晚上，在入眠的時刻，他總是和夢有約。

幾乎所有心理韌性的孩子，儘管處在冰冷、簡陋和飢餓的世界，依然幸福又堅強，因為夢想具有溫暖人心的神奇力量。這些幸福時光，獨立於周遭真實世界之外，上演著同樣的劇情：小孩子一個人，不識大人仇恨世界，發掘了一個美妙的藏身之處，一塊情感天堂的碎片。每天晚上史坦尼斯拉斯在沒有葉子的森林裡散步，那裡樹木是兇惡的。它們想要抓住他，並以尖銳的樹枝傷害他。但是這孩子知道在樹幹中心的空心處有一扇無形的門。他從小穴道往下爬，在地底下，遠離人類，有一群美妙的動物等待他到來，一群比一群漂亮。慶典開始了，跳躍的羚羊，滑稽的雪橇狗，還有水族箱以繽紛華麗的顏色照亮這個世界。

二十年之後，羅馬尼亞孤兒院裡的小塞邦也運用了相同的防衛機制。他生活在一間六十人的寢室，寢室裡都沒有人在講話。有些同學不停地左右搖晃，每晃動一次，床就會向前移動數毫米。晚上，那些「受處分」，專門照顧這些孩子的婦女放聲嚷叫，因為床全都移位，穿越了整個寢室。塞邦都不洗澡，因為他身上乾掉的大便，可以保護他免於性侵的霸凌。然而，他總是面露笑容，因為在他的內心世界，他住在一片藍色礁湖。他駕著獨木舟出發，駛向只有他知道的地方。他潛入水中，穿越兩個隔離的水閘，突然進入一種彩色玻璃窗裡，氣氛暖和，五光十色，裡面住著奇特又活潑的動物。節慶正要開始。

佛洛伊德認為幸福的人不需要夢，真實生活足以使他滿足。沙特提到夢想中的物品具有一種「貧乏的特質」，總是瀕臨消失。[126]但是巴舍拉（Gaston Bachelard）[127]如同小史坦尼斯拉斯和塞邦，則說「有夢的人沉浸在幸福裡幻想著這個世界，浸在平衡的幸福世界裡。」[128]

當然，夢想的確是逃離現實，然而當現實陷入瘋狂，我們必須保護自己，免於陷入現實之中。只有懂得做夢的孩子才能拯救自己。其他的人適應現實生活，屈從於一個遭到蹂躪的世界，耽溺於鄙陋貧乏、即時的資訊之中，活在一個意義闕如的世界。失望成為對這個世界的回應。線索和記號不能做成一首詩。需要的是象徵符號、影像和文本，才能讓創造的再現溫暖我們心裡對美的感受，或是對幸福的感覺。史坦尼斯拉斯和塞邦，不但因為他們的夢想而承受令人絕望的現實，而且他們也投資了一個奇妙的世界。他們的世界一分為二，一個是真實世界，在那裏戰鬥才能生存，另一個是內心世界，溫暖、繽紛而且充滿愛。這是為何這兩個孩子睡夢中帶著微笑，在如夢魘般的寢室中和華美的夢幻會合。

所有情感匱乏的孩子，生活的周遭一樣都是千瘡百孔，這種渾沌未明的處境最宜於創作：「幽影在莫名的霧靄中騷動，我如何才能驅散那霧氣？」[129]雷蒙・葛諾（Raymond

126　伊歐奈思科（Ionescu S.），賈柯（Jacquet M. M.），洛特（Lhote C.），《自我防衛機制，理論與臨床》（*Les Mécanismes de défense. Théorie et clinique*, Paris, Nathan, 1997, p. 249）。

127　譯註：二十世紀法國哲學家，早期受物理學與科學哲學的訓練，後期將注意力從物理的空間轉向想像的空間，從客觀的理論思考轉向詩意的想像，發展出一種詩意想像的現象學取徑。

128　巴舍拉（Bachelard G.），《夢想的詩學》（*La Poétique de la rêverie*, Paris, PUF, 1960）。

129　此句為葛諾的題獻，引自培瑞克，《W或童年回憶》，前文已引述。（譯註：此處關於《W或童年回憶》的引言，採用許綺玲的譯本，聯合文學，二〇一一年。）

Queneau）自問。所有倖存於霧靄中的人都必須去尋找寶藏，即便最後依然失望落空。那些有父母親的小孩像是擁有一顆牧羊人的南十字星。一開始，他們追隨著星星的指引，因為他們深受影響，可是到了青春期，當他們想要成為自己時，他們勢必要唱反調，而這依然是一種指涉的方式，因為「當我們可以做我們想要做的事情時，我們變成大人了，即使所做的是讓父母開心」[130]，保羅．瓦特茲拉維科（Paul Watzlawick）[131]說。

這些情感匱乏、一無所有的小孩註定要寫下悲苦的詩篇，每一首詩裡，美麗與猙獰插身而過，幸福與災難相隨相倚。

在剃刀邊緣綻放自我並非殘缺不全，因為過度清晰會令人目眩而看不清楚。父母親事業有成、富貴顯榮，在家族中鋒芒畢露，他們的小孩往往被迫認同這一道身分，最後反而阻絕了想像力。「在我們的家族裡，父親和兒子都是從商」：這樣的訊息有助於發展，然後產生僵化的結構，將人囚禁，強迫接受單一路線。

有些人因為存在中經歷的創傷而必須挖掘「狡兔之窟」[132]，那是一座私密且溫暖的內在島嶼，但沒有對外語言。他們發現了一個折衷的辦法，讓自己能夠不顧一切表達自我。「關於這個地底下的場所，我沒有什麼要說的……從此以後，軌跡都是寫在我心裡，刻劃在我寫的文本裡面。」對於一些童年慘澹的人而言，書寫提供了無法言宣的話語一個形式，在外在世界描繪出物質性的軌跡。「不可能會有殘存者！我的雙眼看到的，曾經確確實實發生過……接著，四下無聲，突然一片冰冷死寂。不管發生什麼事，不管我做了什麼，我都是唯一的承受者，唯一的倖存記憶，是那個世界獨留下來的遺跡。就因這點，遠超過任何其他的考量，讓我決定寫出來……對於他們的回憶是書寫中之死亡，書寫是為了紀念他們的死亡，也是為了肯定我的生命……這是我父母的墳墓。」[133]（喬治．培瑞克的墓誌銘。）

---

130 瓦特茲拉維科（Watzlawick P.），《讓自己成為自己的不幸》（*Faites vous-même votre Malheur*, Paris, Seuil, 1984）。

131 譯註：二十世紀奧地利裔美籍家族治療師。

132 布吉嵐（Burgelin C.），《勒斐先生的骨牌遊戲。培瑞克與佛洛伊德。培瑞克反佛洛伊德》（*Les Parties de dominos chez M. Lefèvre. Perec avec Freud. Perec contre Freud*, Paris, Circé, 1996, p.64）。

133 培瑞克，《W或童年回憶》前文已引述，p.10; 59。（譯註：採許綺玲譯本，聯合文學，二〇一一。）

結論

CONCLUSION

心理韌性不只是抵抗，同時也教人如何生活。只不過，這是要付出慘痛代價的：「不付出代價是無法成為正常人的」，蕭沆[1]這麼說，他自己正是一位生命困境的研究者。在遭遇創傷之前，我們總認為生命理所當然，幸福亦然。於是，當生命的美好不再，我們開始忿忿不平。在極端境遇下嚐過苦頭，或與死神交手並死裡逃生，這些經歷都在創傷孩童的內心產生一種緩刑的感覺：「從這個時候起，生命對我來說像是多出來的時光，也像一場喜劇，邀我品嘗生命中的每分每秒，感受人生的幸福美好。」當我們克服了考驗，我們對世界的看法也不同了。「所有極端的處境都是一種生命瓦解的過程，弔詭的是，極端處境也蘊含著生命的潛能，就在生命遭到摧折之處……隱形的彈簧可以使人跨過考驗，把障礙變成跳板，把脆弱變成豐盈，頹勢變成力量，所有的不可能通通變成可能」[2]，喬治．費雪（Georges Fischer）說。

沒有事變，就沒有蛻變。偉大的心靈受創者、情感匱乏飽受霸凌的人、遭受暴力相向的孩童、體無完膚的大人，所有人都驚奇地體現了一種新的存在哲學，及其內在發展。理解與詢問「為什麼」，這些義務都可以驅使我們理解與分析施暴者。接著提問：「現在，我要如何對待我的傷口？」有助於發現自我健全的部分，然後開始尋找伸出的援手。

心理韌性就此展開編織的歷程。不只在受創者的內在搜尋，也不是在他的周遭，而是這兩者之間，因為心理韌性不停地編織穿梭在內在的變動與社會的演變之間。

此外，發明一個新的詞彙也不無益處，除了解決文字的不敷使用，也可以避免理論的僵化。一個前所未見的概念驅使我們把老舊的概念講述得更清晰：用編織來比喻心理韌性便可以避免將個體劃分為強弱的二元對立。心理韌性不同於脆弱或堅韌的差別，更不同於精神分析中的抵抗機制，抵抗機制全然阻斷無意識的潛入。不過心理韌性倒是可以與衝動理論和自我防衛的概念相通。否認機制、自我分裂、行動主義，以及其他防衛都是從這些理論中發展而出，但是心理韌性的概念則強調了自我應變與蛻變的層面。一個人有可能在某個情況中發展出心理韌性，在另外一種處境則無法施展開，也有可能此一時受傷，彼一時又克服難關。

在自我防衛機制中，自我企圖透過心靈或情感的運作維護自我的完整性，盡可能靠近身體。佛洛伊德和他女兒安娜，向我們解釋自我如何掌控衝動、記憶和幻想的再現。內在的刺激帶給自我一個可承受的形式。衝動是一種無意識，而有意識的自我會以理性化的方式，將

---

1 蕭沆（Cioran），《全集》（*Œuvres*, Quarto-Paris, Gallimard, 1995, p.47）。

2 費雪（Fischer G.），《隱形的彈簧：活出極限》（*Le Ressort invisible. Vivre l'extrême*, Paris, Le Seuil, 1994, p.269）。

我們的情感以語言的形式呈現。

在心理韌性中，創傷是來自外部，自我雖然感到創傷，還是必須駕馭情緒的顛擾。當情緒撼動了身體機能，就像來自社會或他者精神的侵襲，焦慮也參與了這一場震撼。常見的是，焦慮是慢性的，這種緩緩進行的效應往往在沒有被意識的情況下毀損身體機能與心理機制。

不論在什麼情況中，自我的感覺在他人的眼光之下，會受到再現、行動、召喚或周遭敘述的重塑與建造。心理韌性的概念，與堅不可摧毫無關聯，而是屬於自我防衛機制的功能，但是它比較涉及意識面，更具演變特質，是可掌控的，而且蘊含希望的。

心理韌性復原者既非鋼鐵之軀，亦非超越常人，他們無法逃脫矛盾法則，牡蠣的珍珠正是這種矛盾法則的象徵：當一粒沙子進入牡蠣侵犯牠，牡蠣為了自我防衛，必須分泌圓潤的珍珠質，這樣的防衛反應之下產出了質地堅實的珍珠，璀璨耀眼，且彌足珍貴。

安東尼·布倫（Anthony Bloom）的「受損的聖像」[3]正闡釋了這些人的心靈，美麗正來自時間的傷口。雖然木頭碎裂，雖然顏彩已褪，腐朽斑駁，然而留下來的卻是美麗，或許更是崇高。

這些醫生的研究通常在實驗室外進行，或是在看診的小屋中。這並不是要說哪一個領域就優於另一個領域。法國大革命之後，人們才想到將外科和醫學結合。只要藝術創造依然受到蔑視，醫學就還是空談，外科就還是淪為僵化的操作。兩者的結合才讓診斷學開始發展。符號的科學持續發展，直到後來科學家和工程師也輪番上場，創造出令人驚奇的表現。

本書的重點純粹要說明心理韌性的確存在。心理韌性具備一種形式並且必須付出代價。目前所有參與這概念的研究學者和醫師對於心理韌性的建立方式感到興趣。從正在進行的研究來看，基因或許會有話要說。但是早期的互動可能更有話要說，而家庭和社會機構才是主導這場論述的重點。

這些在實務上和實驗室裡獲得的知識，對我們的日常生活是有助益的。因為我們都是心理韌性的過來人，我們沒有人能免於經歷痛苦。為了更了解與我們息息相關的事物，極端處境可以作為燈塔，照亮了依然不為人知的道路。

最後，我原初想用兩個關鍵字來撰寫本書的內容：「彈性」和「編織」。彈性指的是心理韌性，而編織解釋了走出創傷的途徑，如同一尊受損的聖像，闡明了這些創傷勝利者的內

---

3 布倫（Bloom A.），瓦尼史騰達爾（Vanistendael S.），《心理韌性或關於希望的現實主義》（La Résilience ou le réalisme de l'espérance, Genève, BICE, 1996, p.17）。

心世界。

於是，我們對於災難的看法改變了，儘管痛苦，我們依然試圖尋找美好。

目前心理韌性的概念在專攻發展科學的英語世界中帶來強烈的衝擊。

心理醫師和精神病學家，例如：倫敦的魯特醫師（M. Rutter）、美國的韋納（E. E. Werner）、蓋梅里（N. Garmery）和瓦雍（G. E. Vaillant）都致力於心理韌性的研究。

一些人類學家透過實驗觀察和心理發展主義的理論與適應理論，支持心理韌性方面的研究工作：鮑比（J. Bowlby）、史匹茲（R. Spitz）、史魯夫（L. Sroufe），史渥米（J. Suomi）、安茲沃斯（M. Ainsworth）和強尼克（E. Tronick）。

瑪斯東（A. S. Masten）最早主張在心理韌性和情緒之間建立關聯，葛羅特伯格（E. Grotberg）則加入了心理學的樂觀主義。

有一些精神分析師已經為這個概念鋪路了：馬勒（M. Mahler）、安娜・佛洛伊德和盛歌德（L. Shengold）已經拓闢了心理病理學的研究路徑，研究發展的監護人，特別偏重症狀研究。這個研究方法在兒童心理學上獲得認可，該領域的臨床醫師有安東尼（E. J. Anthony）和奇蘭（C. Chiland）。

茵海爾德（B. Inhelder）將皮亞傑（Piaget）的理論應用於非典型發展，和以下學者的看法相同：認知學家和臨床心理學家、心理醫師、腦神經專家與兒科專家如霍夫史塔特（D. Hofstadler）、卡普蘭（B. Kaplan）、伊薩德（C. Izard）、希切蒂（D. Ciccheti）、卡岡（J.

Kagan）、布魯納（J. Bruner）、洛夫（J. Rolf），溫礎博（S. Weintraub）和桑莫洛夫（A. Sameroff）。

在魁北克，心理韌性的概念正在全力發展中，該領域有勒梅（M. Lemay）和杜辛尼翁（M. Toussignant）。

英國的封納基（P. Fonagy）目前正在發展保母心理韌性研究，法國同類型研究有世界兒童心理健康協會的蓋得內（A. Guedeney），由勒波維奇（S. Lebovici）和果勒茲（B. Golse）所指導。

瑞士的賀納（A. Haynal），德國的羅瑟勒（F. Lösel）和黎巴嫩的巴督哈（C. Baddoura）詳細刻畫小大人的心理韌性。

在瑞士，瓦尼史騰達爾（S. Vanistendael）偕同國際天主教兒童局（BICE; Bureau international catholique de l'Enfance）發展了這個心理韌性的觀念，從科學家和許多國家的實踐者身上汲取靈感。

麥卡琳在日內瓦集合了世界各大洲的戰地臨床醫師，針對因為大人罪行付出代價的兒童進行研究。

在拉丁美洲，許多應用學者如克特里亞倫科（M. A. Kotliareno）和羅密歐（S. Rometo）

（智利），蘇雅荷茲．歐傑達（N. S. Suarez）（阿根廷），潘內（S. Panez）（秘魯）和蒙特維森特（C. Montevicente）（巴西）致力於心理韌性的應用。

在法國，研究者和臨床醫師孟修（M. Monciaux）、湯姆科耶維茲（S. Tomkiewicz）、杜姆（M. Duyme）、路特．德．巴斯奇耶（N. Loutre du Pasquier）、杜瑪黑（A. Dumaret）和西呂尼克（B. Cyrulnik）皆投身於同樣的研究領域。

有一些國際組織專門協助實施者和田野研究人員，例如：世界難民兒童的莫洛（M. R. Moro）先生，羅馬尼亞身體健康協會的畢朵勒（A. Pidolle），世界醫生和無國界醫生組織。

還有許多國際型機構將這個領域落實在日常生活中：聯合國兒童基金會（l'UNICEF）、兒童基金與法國心理健康聯盟提供該領域的研究經費，並籌辦會議，讓學者和實務者交換心得，大力推廣心理韌性的應用。

許多美國刊物也以專刊、特別號的方式介紹心理韌性：《美國心理月刊》（*American Journal of Psychiatry*）、《諮詢與臨床心理月刊》（*The Jounal of Consulting and Clinical Psychology*）、《美國兒童與青少年心理學院月刊》（*The Journal of the American Academy of Child and Adolescent Psychiatry*）。也有一份新的月刊專門談論心理韌性：《發展與心理病理學》（*Development and Psychopathology*）。

遺憾的是，我們無法列出所有的作者，以及處理相關問題的文章和書籍，雖然可惜，但正好點出心理韌性這概念的重要性。這個發展路徑可以讓不同領域得以整合，例如認知科學、生物心理學、基因學、行為學，呈現心理分析、皮亞傑和心理社會學的觀點。

這個整合的趨勢跨越了二元對立的論述，二元對立並不符合全人的臨床學，反倒又給了心理科學一絲的曙光。

延伸閱讀

- 《逃，生：從創傷中自我救贖》（2015），鮑赫斯．西呂尼克（Boris Cyrulnik），心靈工坊。
- 《重新學會愛：在傷痛中自我修復，創造幸福》（2015），鮑赫斯．西呂尼克（Boris Cyrulnik），心靈工坊。
- 《醞釀中的變革：社會建構的邀請與實踐》（2014），肯尼斯．格根（Kenneth J. Gergen），心靈工坊。
- 《作為中介的敘事：保羅．利科敘事理論研究》（2013），劉惠明，廣州：世界圖書。
- 《斯賓諾莎問題》（2013），歐文．亞隆（Irvin D. Yalom），心靈工坊。
- 《安妮日記》（2013），安妮．法蘭克（Anne Frank），皇冠。
- 《W 或童年回憶》（2011），喬治．培瑞克（Georges Perec），聯合文學。
- 《非關命運》（2011），因惹．卡爾特斯（Imre Kertesz），天下文化。
- 《夜：納粹集中營回憶錄》（2011），埃利．維瑟爾（Elie Wiesel），左岸文化。

- 《空間詩學》（2011），加斯東・巴謝拉（Gaston Bachelard），張老師文化。
- 《莎拉的鑰匙》（2010），塔提娜・德羅尼（Tatiana de Rosnay），寶瓶文化。
- 《法蘭西組曲》（2009），依蕾娜・內米洛夫斯基（Irene Nemirovsky），聯經。
- 《從故事到療癒：敘事治療入門》（2008），艾莉絲・摩根（Alice Morgan），心靈工坊。
- 《解體概要》（2008），蕭沆（E. M. Cioran），行人。
- 《活出意義來：從集中營說到存在主義》（2008），弗蘭克（Viktor E. Frankl），光啟。
- 《毒蛇在握》（2006），艾爾維・巴贊（Hervé Bazin），美麗殿。
- 《生命史學》（2003），余德慧，心靈工坊。
- 《故事・知識・權力：敘事治療的力量》（2001），麥可・懷特、大衛・艾普斯頓（Michael White & David Epston），心靈工坊。
- 《意義的呼喚：意義治療大師法蘭可自傳》（2001），維克多・法蘭可（Viktor E. Frankl），心靈工坊。
- 《詮釋現象心理學》（2001），余德慧，心靈工坊。
- 《滅頂與生還》（2001），普利摩・李維（Primo Levi），時報。
- 《一個猶太人在今天》（2000），埃利・威塞（Elie Wiesel），探索文化。

- 《呂格爾》（2000），沈清松，東大。
- 《週期表》（1998），普利摩・李維（Primo Levi），時報。
- 《夢想的詩學》（1996），加斯東・巴什拉（Gaston Bachelard），北京三聯。

心靈工坊 PsyGarden

Caring 087

心理韌性的力量：從創傷中自我超越

UN MERVEILLEUX MALHEUR

作者—鮑赫斯・西呂尼克（Boris Cyrulnik）　譯者—謝幸芬、林德祐

出版者—心靈工坊文化事業股份有限公司
發行人—王浩威　總編輯—王桂花
執行編輯—徐嘉俊　內文排版—李宜芝
通訊地址—10684台北市大安區信義路四段53巷8號2樓
郵政劃撥—19546215　戶名—心靈工坊文化事業股份有限公司
電話—02）2702-9186　傳真—02）2702-9286
Email—service@psygarden.com.tw　網址—www.psygarden.com.tw

製版・印刷—中茂製版印刷股份有限公司
總經銷—大和書報圖書股份有限公司
電話—02）8990-2588　傳真—02）2290-1658
通訊地址—248新北市新莊區五工五路二號
初版一刷—2016年3月　ISBN—978-986-357-057-8　定價—380元

國家圖書館出版品預行編目資料

心理韌性的力量：從創傷中自我超越／鮑赫斯.西呂尼克(Boris Cyrulnik)著；
謝幸芬, 林德祐譯. -- 初版. -- 臺北市：心靈工坊文化, 2016.03
面；　公分

譯自：Un merveilleux malheur

ISBN 978-986-357-057-8(平裝)

1.創傷後障礙症　2.心理治療

178.8　　105003084